ヤマケイ文庫

瀟洒なる自然

— わが山旅の記 —

Fukada Kyuya 深田久弥

Yamakei Library

瀟洒なる自然

――わが山旅の記――

目次

山頂

むかし案内人を連れて山へ行くと、その山男は、煮えあがった飯の最初の一つまみを必ず取りのけた。山の神へのお供えである。私たちもその習慣を真似た。迷信ではない。山に対する礼節である。

もうそんな阿呆らしいことをする人はなくなった。先年飯豊《いいで》山塊を歩いて一つの峰に着くと、その頂上の小さな祠《ほこら》に腰かけて休んでいる青年を見た。私の連れは旧式登山者であったから、いきなりドヤしつけたが、青年はなぜ叱られるのかわからないような面持であった。どうせ山なんて岩と泥の大きなかたまりにすぎない。合理的に考えれば、そこが快適なスポーツの場であればいいのであって、そんな無生物に尊敬を払ったりするのはこっけいなのかもしれない。

この青年だけではない。観光業と土木技術の発達は、どしどし古臭い神秘主義を排除しつつある。緑に覆われた山に、あかあかと無残な地膚をみせて自動車道路が通じている。頂上には無粋な鉄のヤグラが立っている。それは放送局である。大都市の周辺には眺めのよい美しい山があるが、そのてっぺんに威丈高に鉄塔が立っている。少しは遠慮して、頂上をはずしてもよさそうに思われるが、それでは受信効果がないというのだろうか。あれを見るといつも私は、奥座敷へ下駄ばきでズカズカ乗りこむ横着者を連想する。

山の頂上だけは、安らかに清らかに、そっと残しておきたい。何もおきたくない。小さな石の祠一つで充分である。南アルプスの私の好きな山の頂には、コンクリートで固めた遭難記念碑があった。北アルプスの北のはずれの静かな山の頂には、まるで宿屋の看板のようなデカデカした山名標示板が立っていた。それが自然保護を説く国立公園の建造であった。壊して燃やしてしまいたかったが、それには頑丈すぎた。

その山の名を心に刻んで登ってきた者に、なぜ頂上に山の名が必要だろう。いつか中野重治君がおもしろいことを書いてよこした。「このごろ若い衆がKnap sackと書いた袋をしょって歩いているけれど、あれに文字を書くのは気がしれない。リュックザックにRuck sackと染めぬいたのを見ず、信玄袋に信玄袋と書いたのを見ない。」ごもっとも。いまにCapと書いた帽子をかぶり、ズボンと染めたズボンをはくようになるかもしれない。そして羽田には大きく「ニッポン」という標示板が立つかもしれない。名前をしつっこく聞かされるのは、テレビのコマーシャルと選挙候補者でたくさん。

いつか越後の奥深い山へ行った。上まで二日もかかる道の無い山であったが、それだけに美しい静かな頂であった。紙クズ、空カン一つ落ちていなかった。ただ一つ目障りなのは、どこかの山岳会が登山記念に立てて行った木片であった。私たちがそれを引抜いて燃やしたことは言うまでもない。

頂上を神聖で清浄な場所として保ったのは、日本人の古い奥ゆかしさであった。山名に人名を冠したりしないのも、山をあがめる心持の一つの現れであろう。それを平気でするのはソヴェトとアメリカである。ソヴェトの高峰には、レーニン、マルクス、スターリンなどという名がついている。スターリンが失脚してからはコミュニズム峰と名が変った。北米の高峰の名は大半は人名である。最近マウント・ケネディという山名が誕生した。私の好きなヒマラヤには、特例エヴェレストを除いて、まだそんな俗な名前のないのは幸いである。

私の山の先輩であり相棒である「ヘソまがり」大人は、私以上に旧式で頑固であるから、頂上の清浄についてはやかましい。散らばった空カン類を一掃しないことには休息しない。きれいに片づけた山頂で、やおらパイプを取りだす。大のパイプ党である。新しいパイプを入手するごとに、その火入れ式を静かな山頂ですることになっている。何本私はその火入れ式に立ちあったことだろう。

これまでに私は幾百という頂を踏んだが、その一つ一つに深い思い出が残っている。どれ一つ同じ頂上はなかった。険しい岩を攀《よ》じ登るとひょっこり眼の前に現われた頂上、草花の咲き乱れるゆるやかな尾根続きの頂上、数人しか立てない狭い頂上、片側が絶壁になった頂上。それぞれの個性をそなえていたが、しかしそこに立った時の思いは一つであった。それはゲエテの詩にある通り「なべての頂に憩いあり」。苦しい働きを終って目的を達した時の安らかな喜びであった。

春雨の山

九州球磨《くま》川の上流、球磨焼酎が名産の人吉《ひとよし》へ行ったのは、市房山《いちふさやま》へ登るためであった。八代で鹿児島本線にわかれたローカル線は、球磨川の右へ渡ったり左へ渡ったり、絶えず流れに沿って走る。日本三急流の一と言われるだけあって、峡間を下る水は豊かで潔《きよ》かった。川のほとりはもう春の近づいた明るい景色で、車内に帰省の学生らしい姿が目立った。

うちの息子の大学入学試験の発表もきょうあたりだな。合格か不合格か。怠け学生だった私には春休みの思い出が深い。試験がすむとすぐ山へスキーに出かけた。ザラメ雪の上をすべりながら、あぶない及落の報を待っている気持は、春愁と言うには強すぎる、一種甘さの混った哀愁であったな。

人吉は山間に開けた盆地の、静かな品のいい町だった。都会に付きもののゴタゴタのない清潔な町だった。街のすぐ裏に球磨川が流れて、その向う岸が、繊月城という優しい名前を持つ城跡であった。本丸の上に立つと山がよく見えた。市房山、白髪《しらが》山、江代山、この三つを球磨の三岳と呼ぶそうである。北の山の方へ、球磨川の支流が深く入りこんでいた。その谷の奥に、「おどんま、かんじん、かんじん、あん人たちァ、よかしゅう……」の五木《いつき》の子守唄の里がある。いかにもそんな唄の生れそうな、奥深い谷に見えた。

友人の家の茶の間の、

肥《ひ》の国の球磨焼酎のよろしさはひとたび飲みてつひに忘れず

と壁にかかった吉野秀雄氏の色紙の下の春ごたつで、その焼酎を燗して飲んだ。口あたりのはなはだいいのについ度をすごして、果ては蹌踉《そうろう》たる態たらくであった。

翌日の午後、市房山へ登るために、湯前《ゆのまえ》行きの気動車に乗った。終点からさらにバスに乗り、湯山へ着いた。地図に温泉の記号がついているので、それをあてにしていたのに、温泉場らしい気分はどこにもないただの村で、たった一軒きりの宿へはいって、

「お湯は?」と訊くと、

「夕方にならないとわかしません」という答えにガッカリした。

知らせで行くと、普通の風呂で、少しばかり温泉のにおいがした。

登山客と知って、夕食後宿のあるじが市房山のスライドを映して見せてくれた。冬の景色で、頂上付近の広葉樹にみごとな樹氷が花咲いていた。

市房山は一七二一メートル、九州本土で一七〇〇メートルを越える山は数えるほどしかない。南の国にあるとは言え、気候によっては真っ白な樹氷に覆われるのである。

翌日は朝から小雨が降っていた。春雨傘としゃれて行こう、私は携帯用のコーモリをさして宿を出た。村をはずれて一時間ほど歩くと、祓川橋《はらいごう》という朱塗りの橋があった。ここが登山口である。

鳥居があって一合目と書いてあるあたりから、坂はだんだん急になった。中腹に市房神社があって、そこまでは登山道、すなわち参道になっている。昔は信仰が厚かったとみえて、参道の両わきには大杉がスクスクと立っている。立札を読むと、これらの老木は樹齢三百年であって、樹高四十メートルから五十メートル、目通り三メートル以上のもの五十株、とある。杉に混って常緑広葉樹も多い。しかし杉並木と呼ぶにはあまりに木立が散漫であったのは、放置の状態におかれていたからだろう。

四合目の市房神社に着いた。社はかなり大きいが、これも荒廃していた。参詣者の休憩所らしい建物は、まるで化物屋敷のようだった。小雨は相変らず降っている。私はその化物屋敷に雨宿りしながら、買ってきた餡パンを食い、筧《かけひ》の水を飲んだ。登ろうか引き返そうか思案した。地図を見ると頂上までまだ八百メートルはある。しかも等高線がヤケに詰っている。相当つらい登りを覚悟せねばなるまい。はるばるここまで来たのだ、登ろう、と心中の強硬派が言う。

この雨では、苦労して登ったって、何も見えはしない、と軟弱派が反対する。単独登山の欠点は、こういう場合、手もなく軟弱派の言を容れることである。もしこれが二人以上であったら、お互い痩せ我慢しあっても登っただろう。山登りは痩せ我慢である。

初め市房山の計画を立てた時には、湯山から登って、頂上を越え、反対側の日向臼《ひゅうがうす》杵《き》の椎葉《しいば》村へ下るつもりであった。椎葉にも何やら唄があったはずだ。しかしそんなつもりはとっくに消えていた。

雨に罪を負わせて、私は下山の途についた。いざ山に背を向けると、何だか落第生のような侘しさがあった。麓まで下ると、雲が動いて、その合間にボンヤリと山の輪郭が浮んだ。いかにも南国の春さきの山らしいなごやかさがあった。湯山へもう一晩泊って、明日登り直そうかとも思ったが、一たん挫《くじ》けた志は容易に立ち直らなかった。

その夕方、人吉へ帰った。友人の家で着物と履物を借りて、近くの銭湯へ汗を流しに行った。銭湯はあつい湯の溢れる温泉であった。

翌日、町の山岳会の人に誘われて、車で、三里ほど離れた高塚山(六二四メートル)へ行った。山でさえあればどこへでも登りたくなるのが、私のくせである。頂上には放送局の鉄塔が立っていた。このごろは都会の近くのどの山へ登っても、この目ざわりなものが横柄に立っている。はなはだおもしろくない。

しかしそれさえ別にすれば、高塚山は見晴らしのきく気持のいい山であった。球磨の山々に包まれて、盆地の中の人吉は、小ぢんまりと平和な一別天地に見おろされた。

行者ニンニク

尾瀬ヶ原で長蔵小屋を手伝っている奥川雪江さんが、原で採ったギョウジャニンニク（行者葫）を届けてくれた。私の大好物だから、生で味噌をつけてかじり、味噌和《あ》えにし、味噌汁の実にした。ニラ、ニンニクの類だから臭気が強く、食後は人前を憚らねばならぬほどだが、何しろうまい。

ニンニクは精力をつけると言われるが、わけてもギョウジャニンニクは、行者がそれを一本食べただけで一日保《も》つというので、その名がある。ニンニクは葫あるいは忍辱と書く。忍辱は堪え忍ぶということで、坊さんがこの劇臭のある植物を意に介せず食うところから来たのだそうである。

葫は、この植物が西域から渡来したことを示している。古い昔、中国では遙か西方の辺境から来たものには皆「胡」という字をつけて呼んだ。「君聞カズヤ胡歌《こか》ノ声」「笑ッテ入ル胡姫酒肆《こきしゅし》ノ中」など、唐詩選には胡の字のついたものが頻《しき》りに出てくる。

胡瓜《きゅうり》、胡麻《ごま》、胡椒《こしょう》などもそうである。その中で胡の字に草カンムリをつけた葫こそ、西域から伝わった草類食物の代表だったのかもしれない。

いにしえの長安の都を出発して、雲煙万里、沙漠を渡り、草原を通って、所謂《いわゆる》西域の果てまで辿《たど》り着くと、そこに難関の氷雪を頂いた山脈が立ちはだかっていた。それを越えなければ、ペルシャあるいはインドへ達することが出来ない。中国ではそれを葱嶺《そうれい》と呼んだ。

玄奘《げんじょう》三蔵法師はその葱嶺についてこう書いている。「東西南北各数千里、崖嶺数百里、幽谷険峻、恒《つね》ニ氷雪ヲ積ミ、寒風勁烈《きょうれつ》。地ニ多ク葱ヲ出ダス。故ニ葱嶺ト謂フ」この葱はギョウジャニンニクであろうと言われている。そういう高地に産する野生の葱類は、ほかにないからである。

わが国の山地に生ずるギョウジャニンニクも、そういう西域の果てからはるばると伝わってきたのであろうか。漢名は茖葱《かくそう》である。私が始めてこの葷臭《くんしゅう》のある野生植物を知ったのは、やはり尾瀬ヶ原で、もう三十年も前のことである。一緒に行った植物好きの友に教えられて、身体が臭くなるほど食った。

その後（もちろん戦争前だが）赤坂かどこかの山菜料理を専門の料亭へ人に招かれたことがあった。いろいろの山菜が出たが、そのうちうやうやしくたった一本葱のついた皿が出た。そして主人が畏《かしこ》まって説明するには「これはギョウジャニンニクと申す珍品でございまして、行者がこれを食べますと……」

私はそれを聞きながらおかしかった。尾瀬ヶ原でタラフク食ったことを思いだしたからである。ギョウジャニンニクは決して珍品ではない。しかし山へ行けばどこにでもあるというものではない。それは群生しているけれど、そのありかを知っている人でないと、見つからない。奥川さんはヒマラヤまで行き、自ら進んで山小屋の手伝いに行くほどの山好きで、尾瀬ヶ原は自分の庭のようなものだから、そのあり場所を承知しているのである。

一昨年の夏、北海道の日高の山へ入った。トッタベツ岳のカールの下で、大鍋に午食の用意をしていると、同行の北大の先生がコソコソと草むらの中へ消えたと思うと、やがて手に一ぱいギョウジャニンニクを摘んできた。日高の山に通暁したこの先生も、ちゃんとそのありかを知っていたのである。大鍋の中にはラーメンが煮えていた。それへどっさりギョウジャニンニクをぶちこんで、楽しい昼餉《ひるげ》になった。

山と日本武尊

私に愛妻家の資格はない。それでも彼女は私が山へ行く時には時々ついてくる。一緒に歩いて楽しい年でもないが、買物をしたり切符を買う時には便利である。口争いしながら歩くことも稀ではない。

秩父の武甲山へ一日の山歩きにも、彼女はついてきた。私は日本中のおもな山へはあらかた登ったが、まだ拾わねばならぬ落穂が幾らか残っている。武甲山を落穂と言っては失礼かもしれない。これは関東の名山である。しかし名山などより、もっと原始的な山へ惹かれるのが、登山者の常である。

武甲山は一三三六メートル。日本の各地にこれくらいの高さの名山が数多存在する。その地方の住民から尊崇され、山の形もよろしく、頂上からの眺めも広濶である。しかし登山というよりハイキングに属する山であるから、私はこれらを「老後の山」のカテゴリーに入れている。年老いて足腰の弱くなった時の楽しみに取っておく。

とは言え、武甲山は気がかりな山であった。早春の雨あがりの強風の日、私は東京の高所へ上って遠くの山を眺めるのを大きな娯楽にしているが、西北の方に奥秩父の山が連なり、それが次第に右へ向って低下していく途中に、突兀《とっこつ》として兜《かぶと》を伏せたような山が盛りあがっている。それが武甲山であった。

大ていの堅城を攻め落したのに、まだ一つ頑固に残っている小城塞を見る武将のような眼で、私はいつもこの兜を眺めた。早くあれも片づけねばならぬ。

四月の半ばすぎ、一日の暇を得て、私はその気がかりな山へ登ってくることにした。四、五年前のことである。早朝家を出て、池袋から西武電車で終点の吾野《あがの》まで行った。そこから正丸峠を越えて秩父市までバスが通っている。坦々たる舗装道路になっているのは、多分に観光用に利用されるからであろう。九十九折《つづら》の坂を登って峠の上に出ると、同乗の客の殆どがそこでおりた。眺めのよい峠で、茶店その他の遊覧用の設備が出来ている。

そこからの下りは、車中私たち夫婦だけになった。谷川まで下り、その川に沿って谷間を走って行く。

根古谷《ねこや》で下車したのは、ちょうど正午だった。眼の前に武甲山が大きく立っている。全く大きい。しかもそれが黒々とした岩の密集体《マッス》である。これだけ高く大きい容積を、こんなに間近に見あげる山は、ちょっと珍しい。

伝えによれば、日本武尊《やまとたけるのみこと》がこの山を見て、その勢い勇者の怒り立つが如しと賞して、東征の祝いの武具をこの山の岩蔵に納めたという。武器を蔵《おさ》めた、そこから武蔵の国の名が出たのだという。

戦後の歴史教科書は、日本の古代を抹殺してしまったが、私はしばしばこの熊襲《くまそ》退治の英雄に山で出あっている。尊の東征は、相模から走水の海を渡って上総へ向ったが、海上風波の難に会い、妃の弟橘媛《おとたちばなひめ》が自ら波に投じて風をおさめたので、無事着陸出来た。それから陸奥を平定しての帰り、上州の鳥居峠の上に立って妃を偲び「吾妻はや」と嘆かれた。今の吾妻山《あづまやま》（四阿山《あずまやま》）の名はそこに由来するという。

それから武尊山《ほたかやま》がある。日本武尊の名を取ったと伝えられる。その一峰には尊の銅像が立っていた。それから武甲山の麓を過ぎ、両神山《りょうがみ》にも尊の伝説が残っている。それから西して恵那《えな》山の近くの神坂《みさか》峠は、尊が通過されたのでその名があるという。そして最後に近江の伊吹山、ここで賊を平らげてから伊勢で亡くなられた。伊吹山の頂上には尊の石像が立っていた。

こんな風に各地の山に残っている日本武尊の伝説を集めて、その東征ルートを確かめるという興味ある閑仕事を、誰かやってみる人はないだろうか。

昔は武具を納めた岩蔵だったが、今は秩父セメントの宝庫である。全山石灰岩より成るというから無尽蔵の鉄筋コンクリートの材料である。武甲山を遠くの山から望むと、その中腹以下は霞が棚引いたようにみえる。そんな風流なものではなく、セメント会社の大規模な発掘の粉が舞い上っているのである。

私たちはセメントの粉末で哀れにも草や木まで真っ白になっている間を通って、山へかかった。表参道を登った。

山は静かで誰にも会わなかった。生川《うぶかわ》という数軒の家のある所から頂上まで五十二丁。一丁目ごとに石標が立っている。やはり登りはつらい。痩せた彼女は身体が軽いから、さっさと登って行くので、私は幾度も停止を命じなければならなかった。

頂上に立って帰途は北面の急坂を下った。秩父市の御花畑駅に着いた時は、もう薄暗くなっていた。その近くの小公園に日本武尊の像が大きく立っていた。

ピッケル

テレビで野球を見ていると、バットでスパイクの泥をはたく選手をよく見かける。私はあの仕草を好まない。バットは一つの用具にすぎない。それで泥を払おうと、審判を威かそうと、構うことはない。要はホームランを打てばいいではないか。そういう論も成り立つ。

昔、職人気質というものがあった。大工はその用具のノコやカンナを大事に取り扱って、子供たちがそれをまたいだりすることを許さなかった。ある地方の百姓は農具を祭壇に飾って、お供え物をする風習のあることも、私は聞いている。

泉鏡花という小説家は古風な気質を持った人であったが、ある時、佐藤春夫がその家を訪ねて、子供の生れたことを告げた。何という名前をつけたかときかれて、春夫は座布団の上に指先でその字を書こうとすると、鏡花はあわててそれを止めて、文字を粗略に取り扱ってはならぬと叱ったという。鏡花は筆やペンをじかに畳の上におくことを許さず、文字の書いてある紙は、どんな反古《ほご》でも、粗末にしなかったそうである。

ノコ、カンナも、農具も、筆やペンも、生命のない一用具にすぎない。しかしそのおかげで自分の仕事を成しとげる人たちが、その用具を大事にし、神聖なものにまで祭りあげる風習を、私はゆかしいものに思っている。

小説家も筆を取っている間は一職人である。プロ野球の選手もそれによって生活を支えているのだから一職人である。バットは球を打つための大切な用具であって、それでスパイクの泥をはたいたりしたら、心あるバットは泣くであろう。

登山の用具にピッケルがある。野球のバット同様、登山者にとって大切なものである。そのピッケルを粗末に扱って、それで土を掘ったり、山小屋で土足で踏まれたりしても平気な登山者を見ると、「そんな心がけでは遭難するぞ」と言ってやりたくなる。

ピッケルが登山の象徴のように見なされてきたことは、洋の東西を問わず、多くの山岳会のマークに取り入れられていることをもっても証せられる。アルプスの本場スイス山岳会のマークにも、ピッケルが配せられている。

登山用具に詳しい西岡一雄老によると、わが国で最初にピッケルを見た人は小島烏水だという。烏水が初めてウェストンの住まいを訪ねた時「私は壁に懸っている一本の明晃々たるピッケルをみた。それはちょうど私たちの祖先が床の間に飾られた大鹿の角にのせた一振りの名刀の如くに、そのピッケルをみた。ウェストンの登山魂をここに見るような気がした」と書いている。金剛杖か鳶口しか見たことのない日本の一青年登山家の眼に、それはどんなに驚異的に映ったことであろう。明治三十六年のことである。

ピッケルがわが国に一般に使用されだしたのは、所謂近代登山の輸入された大正時代になってからであろう。学生時代、忘れもしない大正十三年、私は初めて美満津でピッケルを買った。その時の喜びをどう表現したらよいか。この登山の近代兵器は私の無二の宝であった。

積雪期以外の日本の登山では、ピッケルなど無用の長物であるかもしれない。私などほとんど持っていったことがない。しかしピッケルがないと山へ登った気がしないという若者たちの気持も、私にはよくわかる。国体の登山部門の行事には、参加者は全部ピッケルをたずさえることになっているが、それも実際に役に立つということ以上に、登山者の心がまえ――つまり昔の武士が平和時にも腰に一刀をさしはさんでいたようなものであろう。

登山を始めて、誰しもまず欲しくなるのは登山靴とピッケルである。そしてそんなものを必要としない山登りにも、それを持たずにはいられないものである。

仙台に山内東一郎というピッケル作りの老名工がいて、その製品は容易に手に入れることが出来なかった。名人は大量生産をしなかったから、何年も順番を待たねばならなかった。シェンクとかウィリッシュとかアルプスの名工の手になったピッケルは、用具の域を通りこして、骨董的価値さえ持っている。

ピッケルを買っても、床の間に飾ったり、人に見せびらかしたり、本来の用途以上に珍重する若い人がいる。その気持は察しられるが、あまりに玩物喪志的な愛蔵ぶりを見ると、「なに、ピッケルなどただの道具じゃないか、消耗品にすぎない」と言いたくなる。活用してこそピッケルも生き甲斐を見出すというものである。

ヒマラヤの大家ティルマンは、アンナプルナⅣの試登の際、新品のピッケルを折った。二日してまた別のピッケルを折った。彼は別に惜しそうな顔もせず、ピッケルについて一席弁じている。必要以上にピッケルにやかましいのは、日本人だけかもしれない。

国見峠

東京の白ちゃけた貧弱な桜は、見逃しても惜しいとは思わない。その代りを、二三週おくれて、山の行き帰りに取り返すのが常である。

昨年はそれが秋田県の角館《かくのだて》だった。五月の初め、町のかたわらを流れる檜木内《ひのきない》川の土手は、まさに桜のトンネルであった。雪解け水のゆたかな川の面に、ゆさゆさと花の大枝が垂れ、まだ残雪をおいた山の影が明るくそこに映っていた。

トンネルは歩き尽せないほど長く続いていた。行楽の人が出盛り、川原に花見の宴を張っているグループもあった。花の下には露店が並び、その一つに「ガシムスロ」と張り出してある。それが「貸し蓆」だと分って、私の顔は崩れた。旅情はそういうささやかな所にもあった。

角館は小さな城下町で、古い武家屋敷の残っている一画には、殆ど軒毎に大きな枝垂桜が、これは一本一本の眺めで立っていた。屋敷を囲む生け垣がクロモジであるのも珍しかったが、これは雪に強い灌木だからだろう。
新潮社の先代社長はこの町の出身である。平福百穂《ひらふくひゃくすい》の生家も残っていた。

ひと時に芽吹き立ち匂ふみちのくの明るき春にあひにけるかも

と刻んだ百穂の歌碑が小公園の一角に立っていて、私はその歌通りの春の中にあった。町の高等学校の校歌は三好達治の作で、その作詞のため彼もここへ来たことがあった。

百穂は若くして故郷《くに》を出て盛岡へおもむく時、汽車がなかったから国見峠を越えた。その峠の上に立ち、そこから駒ヶ岳へ登ろうというのが、私の旅の目的であった。

百穂の甥にあたる角館図書館長富木友治さんたち二、三人と共に、私は町から田沢湖まで車を駆った。途中、真正面に、きれいに晴れた空に駒ヶ岳が残雪に輝いていた。

駒ヶ岳という山はわが国には方々にあるので、区別するために普通この山を秋田駒と呼んでいる。多くの駒ヶ岳の名の起りは、山腹の残雪が駒の形に見えるというのだが、行きずりの旅行者には、その形を見定めることはむつかしい。

ところが今見る秋田駒ヶ岳の南面には、巨大な残雪の駒が現われていた。後脚の方がそろそろ消えかけていたから、少し時期を外れたらそのみごとな駒を見ることが出来なかっただろう。

その夜は、田沢湖を見おろす駒草山荘で泊った。これは田沢湖町のもので、普通の営利旅館と違って、ゆったり余裕のある建てかたで、熱い温泉が引いてあった。途中の道ばたで摘んできたタランボ（楤《たら》の芽）を皿に山盛りにして、晩餐の酒は殊更うまかった。

翌日の昼ごろ田沢湖畔まで引返し、そこから新しく出来た道路を国見峠の方へ車で登った。この道路は秋田・岩手両県を結ぶ幹線となるもので、最後のところは未完成であったが、山腹を九十九折に登る大工事に見えた。

雪のためそれ以上車が通じないところまで登り、そこで富木さんたちと別れて、私は道案内の若者と二人で、幹線道路を離れ、国見峠への雪道を踏み出した。道は長かったが、春の気配のただよった残雪の山を行く気持は格別であった。

峠に近づいた時、向うから来る二人の人影がある。雪の上の再会の喜び、というわけは、それは私の山友の盛岡の村井正衛さんと、その連れの青年であったからである。山で出あうように前から打合せてあったのだ。私は道案内の若者を帰して、出迎えの二人と共に峠の上に立った。

国見峠。古い歴史を持った峠。本当の峠らしい峠。平福百穂はここで、

　ここにして岩鷲山《いわわしやま》のひむがしの岩手の国は傾きて見ゆ

と詠んだ。岩鷲とは岩手山のことである。これは私の愛唱歌で、国見峠へ来たのも、この歌に惹かれたからだと言ってもいい。

あいにく岩手山の頭は雲に隠れていたが、その大傾斜がゆったりと盛岡の平野に伸びた雄大な眺めは、私を堪能させるのに充分だった。峠でゆっくり休んでから、雪の急斜面を辿って国見温泉へ下った。

温泉と言っても旅館と名のつくようなものではない。山小屋を少し上等にした素朴な宿が二軒あるきり。湯へ浸るにも雪の上を渡って行った。

翌朝駒ヶ岳へ登るつもりだったが、小雨模様で、昼まで待っても濃い霧は晴れない。断念して午後雫石《しずくいし》へ下った。断念したのはこれで二回目である。数年前北側の乳頭《にゅうとう》温泉から登ろうとして、途中天気が悪くなって引返したことがある。しかし山はただ一回で登るよりも、何度か登りそこねた方が、その山の魅力は強くなる。秋田駒ヶ岳よ、この次の機会にこそ、きっと君の頭の上に立ってみせよう。

安楽椅子の登山家

外国にarmchair mountaineerという言葉がある。安楽椅子の登山家、つまり深々したクッションに尻をおろして、片手で上等の葉巻など燻《くゆ》らし、片手で山の本を見ながら、架空登山を楽しんでいる老登山家の姿が眼に浮ぶ。彼はときどき書物から眼をあげて、窓の外のこんもり繁った森を眺めながら、何か追想に耽るような面持である。かと思うと、そそくさと椅子から立って、金文字の背を並べた書架に行き、その中から一冊を抜き出して熱心に何かしらべたりする。

老登山家はもうヒゲは真白で、おそらく八十は越えているだろう。しかし昔山で鍛えた身体は今なおカクシャクとして、その顔の強い線には、多年風雪に堪えてきたあとが刻みこまれている。ただ残念ながら足腰が思うに任せない。彼と同年配の仲間にはまだ山へ出かける元気な男もいるが、彼は一年前からリューマチにかかって、山登りは断念せねばならなくなっている。それでも彼は山を忘れることができない。そこで地図と紀行による「安楽椅子登山」で鬱を晴らしているわけである。

イギリスにはこういう老登山家が多いらしい。山岳会の機関誌「アルパイン・ジャーナル」に、毎号のように物故会員を偲ぶ追悼記が並ぶが、八十歳以上の会員はザラである。彼等は別に山の本も書かず、世に目立つ存在ではなかったかもしれないが、その山歴を見ると、若い頃から山に憑かれて幾多の果敢な登攀を果している。それに比べると、日本では六十すぎるともう老登山家に見られるが、イギリス山岳会へ行ったら、五十、六十はまだ子供の部類である。イギリスの山岳会（アルパイン・クラブ）の伝統の深さが察しられる。山岳会が創立されてから百年、その百年祭が一昨年行われて、わが国からも槇さんと松方さんが列席された。

イギリスに引き続いて、フランス、スイス、ドイツ、オーストリア、イタリアなどにも山岳会ができた。日本山岳会も生れてから五十年になる。年齢からいったらイギリスの山岳会の半分である。まだ八十以上の登山家が、イギリスのようにウヨウヨいないのも無理はない。

もっとも山に親しみ山へ登った古さからいえば、日本は世界一だろう。千二百年も前から山が詩歌にうたわれ、絵に描かれ、これほど古くから登山の行われた国は、他にどこにもない。しかし近代登山ということになれば、やはり日本アルプスのウェストンあたりを最初とせねばならぬだろう。

フランス山岳会とかスイス山岳会とか日本山岳会とか、各国の山岳会はみな国籍が頭につくが、イギリスの山岳会だけはそんな固有形容詞をつけずに、ただアルパイン・クラブで通している。山岳会の総本家という自負があるのだろう。一八六四年に創刊された「アルパイン・ジャーナル」が、二度の世界大戦中も休刊せず、今日まで続いていて、世界中の登山の記録や変遷を知ろうとするには、どうしてもこれに拠らなければならない。アルパイン・クラブが総本家の誇りをもつのも致しかたない。

もう一つアルパイン・クラブの特徴は、女性会員を入れないことである。女性の登山がこれほど盛んな時代になっても、依然として最初の規定を墨守している。イギリス人にはそういう頑固なところがあるらしい。今もってメートル法を使わず、山の高さや距離をフィートやマイルで表わして、私たちを換算に困らせている。頑迷、旧式、保守的、何とでも非難できようが、しかし新しいものにはすぐ飛びつきたがる軽薄さに比べると、私にはこの頑固さもまた好もしい。山岳人と呼ばれる変テコな人種は、世に通用しない頑固さをそなえていたい。

「登山はスポーツである」という表現を私は好まない。スポーツという言葉が、外国のように広い意味のニュアンスで解せられるのならいいが、日本ではスポーツは限定された意味しかもっていない。つまり棒高跳とかマラソンとか庭球とか。私は登山がこれらのスポーツより高級だとは決していわない。ただ一般のスポーツは、それを実践しなければ、スポーツとして成り立たない。ところが登山は、ウインスロープ・ヤングの有名な言葉があるように、「私がマウンテニーアと呼ぶのは、山に登る人だけを指すのではない。歩くことが好きで、山について読んだり考えたりすることの好きな人は、誰でもマウンテニーアというのである」ということが成立する。armchair mountaineer が存在するゆえんである。

私の知合いの中には、忙しくて、あるいは体が弱くなって、山へ憧れながらも山へ行けない人が幾人もいる。その人たちは山の本を読んだり、話を聞いたり、地図を見たりして、山を楽しんでいる。そして、その山に対する認識や知識から推して、山へ行っても何も見て来ず、何も得て来ないこの頃の多くのスポーツ登山家よりも、その人たちの方がはるかにすぐれた山岳人であると私は思っている。

越前の山

私の故郷は石川県大聖寺町（現在の加賀市）であるが、母が福井市の出身だった関係で、中学は隣県の福井中学へ入った。だから私のからだには加賀と越前の血が流れている。

私の山登りの最初は小学校の最上級生の時で、両県に跨がる富士写《ふじしゃ》ヶ岳だった。高さは九四二メートルに過ぎないが、故郷の町を見おろす形のいい山である。誰しも生れつき山が好きという者はない。何かの動機で病みつきになる。私の場合はこの最初の登山で、足の強いことをほめられたからであった。何ごとでも物に執するには、初めおだてられることが必要である。

同じ町に、私より五つ年長の稲坂謙三さんがいた。私が中学へ入った時、謙チャンはすでに金沢医専の学生だったが、大へんな山好きで、その頃もう北アルプスなどへ登っていた。私はこの親しい先輩から山の薫陶を受けた。物が好きになる第二の条件は、よき導き手を得ることである。

中学時代、私は故郷の近くの山へ数多く登った。当時一部七銭五厘であった参謀本部の五万分の一の地図を買ってきて、それに歩いた跡を朱線で入れるのが大きな楽しみであった。リュックサックなどはまだ無く、学校のカバンを肩にかけて、わらじ脚《きゃ》絆《はん》で歩いた。こうして私はすっかり山の虜になって、東京の高等学校に入った。

高等学校の生徒になって初めて、私は広く方々の山へ出かけるようになった。金は無かったが暇は充分にあった。私の山好きはますます亢《こう》じて行った。それは大学に入り、それから社会へ出てからも、衰えることはなかった。

私の初登山以来四十五年になる。よくもまあ登り続けてきたものだ。今でも一と月に一回はどこかへ出かけないと気がすまない。一たいどのくらい山の頂を踏んだか、正確に数えたことはないが、おそらく五百は越えているだろう。

この五月下旬（一九六一年）、私は福井県の勝山市へ行った。そこに住む私の一番上の姉の家業五十年を祝うためであった。そのついでに私は荒島岳を予定していた。どんな旅行にも登山を結びつけるのが私の例である。

荒島岳という秀でた山を、私はずっと前から知っていた。大学一年の時、私は徒歩旅行で（その頃バスなど無かったから）美濃の奥から国境の油坂峠を越え越前の九頭竜川の源へ出て、川に沿って下って行くと、下流に当って、一つの颯爽とした独立峰が私の眼を捕えた。それが荒島岳であった。以来この山が私の念頭にあったが、ついにその頂上に立つ日がきた。

荒島岳のあとで、もう一つ能郷白山《のうごうはくさん》に登るつもりをした。これは美濃と越前の国境山脈上にあって、あまり人に知られていない山である。もう二十五年も前になろうか、桑原武夫君がこの山に登って、おもしろい紀行文を残している。それを読んで以来、やはり私の宿願の山になっていた。

荒島岳も能郷白山も片田舎にあるので、登山案内書めいたものがない。そこで山の様子を聞くため、東京を立つ前に、福井山岳会の八木源二郎君に電報を打っておいた。朝七時すぎ「能登」で福井駅へ着いた私とその妻は、八木君に迎えられて、ホテルも兼ねた駅ビルの食堂で山行の計画を話していると、そこへ旧友の熊谷太三郎君がやってきた。熊谷君は熊谷組の社長であり、福井市長を三期も勤めた名望家であり、アララギの中堅歌人でもある。私の計画を聞くと、彼は笑いながら一言で言ってのけた。

「そんな、ちょっと来て、越前の山を二つも稼いで行こうなんて、そりゃアカン」

この断言を解するためには、もう少し熊谷君について知らねばならぬ。彼は私と同じく福井中学・一高のコースを、私より三、四年あとから辿って来たのだが、学生時代からやはり山が大好きで、幾度か一緒に山へ登った。終戦直後、戦災、震災、水害と相続く不幸に叩きのめされた福井市を、みごとに復興させたのは、市長十二年間の彼の努力であった。その仔細は『たちあがる街から』と題する彼の著書に詳しい。

その忙しい暇々に、熊谷君は越前の山々を根気よく尋ねて、福井市から見える詳細な山岳展望図を作った。その図が、いま私たちが朝食を摂っている食堂の、すぐ脇の壁に掲げてある。遠く山の蔭にちょっぴり頭を覗かせているような峰も、逃さず書き入れてある。よほど山好きの市長でなければ、こんな丹念なことは出来まい。その熊谷君から止めを刺されたのである。なるほど、ちょっと来て二つも稼いで行こうなんて、虫がよすぎるかもしれない。能郷白山は来年の春熊谷君と一緒に登ることを約して、私たち夫妻は大野行の京福電車に乗った。

一時間の後、勝山で下車した。先年の台風の跡がまだ無残に残っている九頭竜川を渡って街に入る。まだ中学生だった私が福井から歩いて勝山へ来た頃は、小さな町だったが、その後だんだん発展して、戦後、奥の深い山村農村を糾合して勝山市となった。その繁華な通りに私の姉の営む呉服店がある。

この姉は、町から少し離れた山際の眺めのいい場所に、別宅を持っている。そこで親類だけの祝宴が開かれた。故郷の大聖寺からも、私のほかの二人の姉と、弟の嫁が、馳せ参じた。その夜は身内だけでおそくまで話しあった。勝山の姉が五十年前のささやかな古着商から今日の産を成すまでの内輪話に、きょうだいたちは耳を傾けた。

翌日は私たち姉弟打ち揃って、勝山から四キロほどの平泉寺《へいせんじ》を訪ねた。途中はようやく田植えの終ろうとする時期で、田掻き馬が忙しく動き、早乙女の姿があちこちに見られた。よく晴れて、その田園風景の彼方に、まだ若干の雪の斑をつけた荒島岳がゆったりとそびえていた。かつて裏側から見た時の尖鋭さはなくなって、伸び伸びと左右にスカイラインを引いた鷹揚な形である。

平泉寺は明治維新の寺領変革にあい、今は白山中宮神社となっているが、元は天台宗の古刹であった。養老元年（七一七年）僧泰澄《たいちょう》の創建にかかる。泰澄は白山開山を志し、まずここに一寺を立てた。それから背後の法恩寺山に登り、経ヶ岳を経て、白山に向ったと思われるが、それから先のルートは定かでない。一たん市ノ瀬へ下って登頂したものか、それとも三ノ峰、別山を越えて頂上に達したものか、そのどちらの道にも泰澄登攀の伝説が残っている。何しろ千二百五十年前のことである。白山はわが国で最も古く開かれた山の一つで、昔から日本三名山の一つに数えられたのも故なきことではない。

平泉寺はその後大いに興隆し、その僧徒は源平時代、戦国時代を通じて一大勢力となり、交戦に参加した。越前の朝倉氏が興ると、それを援けて戦功があり、その保護を受けて寺門ますます栄え、一山六千坊と称せられた。その後北陸の一向一揆に怨まれて、諸堂諸舎すべて兵火のため焼かれた。

徳川時代になって再び興り、堂塔舎屋が整ったというが、現在では殆ど見るべき建物は残っていない。しかし境内は広く、到るところ老杉が亭々と立並び、地には厚い苔が敷いて、幽邃《ゆうすい》閑寂、古刹のおもかげは充分にあった。観覧料を取ったりする名園や建物よりは、むしろこの方が私には快い。

全く人影のない境内を見廻ってから、私たちは杉の大木の下に坐って弁当を食べた。もう松蝉がしきりに鳴いている。小鳥の声も聞える。五月の木洩れ陽が美しい。

参詣を終って門の外へ出ると、野良着のままの一農夫が来て、私たちのために平泉寺の歴史を語った。彼はその蘊蓄《うんちく》を傾けた後、ここが観光地の俗化を免れているのは、平泉澄博士のおかげだと附け加えた。東大教授で皇道派の歴史学の大家であった博士は、戦後ここへ退き、つい近年まで寺守りとして住んでおられた。博士は一切の観光地的設備を許さなかったそうである。

その翌日も一点の雲もない快晴で、私たち夫婦は荒島岳登山のため早朝の電車で大野へ向った。同行は勝山の多田孝之助さん、福井山岳会の久保忠義、浅川俊男、宮本数男の三君、それに大野へ着くと、大野親岳会の小沢隆一君も加わり、総勢七名の賑やかな隊になった。

駅前には私の親戚に当る高橋一男君が、自家商売用のトヨペットを用意して待っていた。一同それに乗って一途山へ向った。行手にクッキリと荒島岳が浮んでいる。ほかにも山はたくさん並んでいるが、何と言っても荒島岳が王者である。

「美しいですね」と私が横の多田さんに言うと、

「ようゴエス」という返事。なつかしい越前弁である。

運転しながら高橋君はいろいろ話してくれる。

「荒島岳にY字型に雪が残りますが、それを見て九頭竜川の漁師は鮎を取り始めたと言います」

「でも昔の漁師はY字型なんて言わなかったでしょう」と家内が口をはさむ。

「ええ、鹿の角と言いました」

鹿の角とはいい言葉だ。解禁日だのY字型だの、今の人より、どうも昔の人の方が風流であったようだ。

真名川の橋を渡って、塚原と呼ぶ原野を横切る。その名の通り塚の形をした地瘤が点々としている。塚が千塚、道が千筋、狐が千疋、と言われて、高橋君が子供の時分、町の人のよく野遊びに来た所だそうである。今は開拓の人が入ってよく耕されていた。塚は古墳の群ではないかと調査されたが、そうではなく、自然の形態であった。

荒島岳の麓の中出《なかんで》から登山路が始まっている。近年そのあたりがスキー場となって、リフトがかかっていた。私たちは車の行ける所まで行って、そこで一服してから歩き始めた。道はずっと谷間に通じている。ウツギの花盛りだった。初夏の山の景物である。

「どこだったけナ、ウツギのきれいだったのは」と、うしろの家内を振返ると、

「小谷《おたり》温泉よ」と即座に答えた。

彼女もどうやらそういう思い出を持つだけの山登りを重ねてきた。しかしすぐ思い出せるのは回数が少ないからで、ウツギの印象など私には無数にある。

道は急になって谷を詰めると、雨降谷展望台と標識の立った眺めのいい所へ出た。一休みする。眼の下に大野盆地が拡がっている。四周山にかこまれた所にこんな大きな盆地のあることは珍しい。地上にいては気がつかないが、山から見おろすと、そこは全く一別天地のような趣である。その豊かな野の向う隅に大野市があって、双眼鏡でのぞくと建物まで一々ハッキリ見えた。

大野市の背後に立っている青々した山は飯降山《いいふり》で、町の人はそこへ登るのを行事にしているそうだ。その山名の謂われは、昔その麓に三人の尼が住んでいて、山から降ってくる握り飯を食べていた。ある時その一人が悪心をおこして、天の恵み物を一人占めにしようとして、あとの二人を殺した。するともう握り飯は落ちて来なくなった……。

道が尾根伝いになって、灌木の間を行く。シャクナゲが出てきたが、もう花はおしまいであった。金梅草《きんばい》が眼のさめるような鮮やかな黄金色で敷いている所もあった。道は小荒島岳の横を捲いているが、私たちはその頂上へ上った。そこにあッというすばらしい眺めが待っていた。それは白山だった。まだたっぷり雪をおいた白山は、神々しいほどの美しさで遙か東北の空に立っていた。それは威圧するような厳めしさでなく、優しくおだやかな、しかし凜とした気品を秘めた姿で、私たちの眼を打った。白山の手前には、法恩寺山、経ヶ岳、赤兎山、願教寺山などの連なりが見える。いずれも福井山岳会の活躍の舞台である。寺のついた山名の多いのは、平泉寺の勢力の名残りであろうか。

振返ると、これから登ろうとする荒島岳が大きくそびえている。例のY字型、いや鹿の角の雪渓が、片方の角を落して一直線に落ちていた。これは鬼谷と呼ばれて、山岳会の勇敢な連中のコースに選ばれるそうである。

朝早く福井を発ってきた三君は、待ち切れずここで弁当を拡げた。ゆっくり一時間ほど休んで、次の歩を踏みだした。平らな尾根道が続いて、それからモチカベと呼ぶ急な坂になった。両手の使用を強制される登りである。頭の上ではしきりにホトトギスが鳴いた。

喘ぎながらようやくその肩に達するともう頂上は近い。熊笹の間の切開け道を登って、ついに一等三角点のある絶頂へ出た。十二時十五分。小さな堂があって、中に幾体も地蔵尊がおいてある。その一つには元治元年と刻されていたから、やはり昔から多くの人に崇められた山であったのだ。

風もなく、日はうららかだった。北アルプスから御岳へかけての連嶺がここから望まれるそうだが、水蒸気の多い晩春、頂上で昼寝できるほどの快い暖かさを得た代償に、遠望は断念せねばならなかった。全く雲のない空に、ただそのあたりだけ上昇気流の作った白い雲が、雪嶺と見紛うばかりに棚引いている。

近くの山はすべて見えた。部子《へこ》山、銀杏峰《げなんぽう》などという、越前の山好きでなければその奇妙な名を知らない山々、少し遠ざかって、惜しくも今度私の登り残すことになった能郷白山、いずれもその頂にはまだ雪が残っている。

それから越前と加賀の境をなす山々、越前平野の向う側を仕切る山々、すべて私の中学時代の思い出を持つなつかしい山々である。すぐ眼下には九頭竜川が深く切れこんで、上流へ伸びている。美濃へ通う街道が、その川っぷらの崖の腹に、危うげに通じている。

私たちはのんびりと頂上で二時間過した。山岳会の若い連中が雪を取りに行って、ビニールの大きな袋に一ぱい詰めて持ち帰り、その中へジュースだの夏ミカンだの果物のカンヅメなど冷やして、そのまま眠ってしまった。

ようやく眼がさめて、その冷たいものを皆で腹へ入れてから、下山についた。帰りは家内が先頭になってトットと下って行く。彼女の登山の初期時代には悲鳴をあげたような険しい所も、今は平気で足を運んでいる。それには幾らか理由のないわけではない。彼女は今度上等の登山靴を新調したのである。しかも五十歳を越えて！

スキー場の所まで下ってきて、水場のあるきれいな草地で坐りこむと、そのまま誰も動き出そうとしなかった。その私たちを促すように、下から自動車のクラクションが響いてきた。高橋君が迎えに来たのだ。予定よりおくれたのを案じているのだろう。私たちは腰をあげた。

再びトヨペットに乗って帰路を走った。永い日もようやく傾いて、夕色をおびた空に、潔よく荒島岳がそびえていた。それは数時間前その頂上にいたとは思えないほど高かった。

山の小鳥たち

松方三郎さんの説によると、山好きの仲間には二種類あって、動植物の興味からだんだん山に夢中になって行く型と、まず山に夢中になって、それから逆に自然の生物に眼を向ける型とがある。私などは正真正銘後者で、山を構成する自然の単位にはなはだ無知である。

が無知で満足しているわけではなく、山へ行ったら何か一つでも多く覚えようと心がけている。植物は、友人の植物学者とよく一緒に行ったおかげで、彼に私の記憶力の悪さを嘆かせながらも、かなりの花の名を教えこまれたが、ほかの博物学はからきし駄目である。

野鳥をおぼえたいのだが、これは花のようにじっとしていないから近寄って仔細に見るわけにいかず、その鳴き声ときては、二度や三度聞いておぼえられるものではない。大勢で山へ行った時、その一人が「いろいろな雀が鳴いている」と言って哄笑を買ったが、笑った者たちも、果して笑う資格があったかどうか。

ウグイス、これはすぐわかる。山ではうるさいくらいこれが幅を利かしている。カッコウ、これも正直にその名前通り鳴くから、間違うことはない。カッコウ、カッコウ……この鳴き声をカラッと晴れた高原に結びつけたくなるのは、六月の初め東北の山へ行って、その広々とした原で、殆ど絶え間ないくらい、その明るい声を聞き続けた私の思い出からだろう。

ホトトギス、これも山では普通の鳥である。山小屋に着いた夕方、あるいは夜明けに、よくこのテッペンカケタカを耳にする。遠いところで微かにこもったような声で鳴くのを聞くのは、私の山行きの一つの楽しみである。どこに「鳴いて血を吐くホトトギス」の響きがあるのだろうと不審に思っていた。朝夕の薄暗がりに聞くものとばかり思っていたが、ある年の六月武《ほ》尊《たか》岳へ行った時、その登り道で、真昼間に嫌《いや》というほどその声を聞いた。それは殆ど頭の上まで来て鳴いた。

その時初めて私は裂帛《れっぱく》の気魄のある声を知った。テッペンカケタカ、そのカケタカと聞える部分に、はげしい透った響きがあった。「谺《こだま》して山時鳥《ほととぎす》ほしいまま」というのは九州の英彦山で詠んだ杉田久女の有名な句であるが、白昼に聞くホトトギスはたしかにこだまするほど甲高《かん》い。ヒマラヤで林に包まれた草地で休んでいた時、やはりこの声に襲われて、私は日本の山が恋しかった。

ホトトギスは、時鳥、子規、杜鵑、蜀魂、不如帰と多様に書かれるほど、古来歌や俳句にしばしば出てくるが、平地の歌人や俳人はその実物を知らない人が多いようである。金沢に住んでいた頃、ある静かな大きな庭園のある屋敷で、俳句の大会があった。頼まれて私が講演を始めようとした時、突然庭でホトトギスが鳴き始めた。「あれがホトトギスです、御静聴」私は話をやめ、皆を制した。森閑となった会場に、数声のテッペンカケタカが響いた。初めて聞いたという人が多かった。

いま私がこれを書いている窓の外で、シジュウカラが頻りに鳴いている。私の住んでいるのは世田谷のありふれた住宅地の一隅だが、樹木の多いせいかよく小鳥が来る。中でもシジュウカラが耳につく。その鳴き声が特別私に親しいのは、遠い思い出があるからである。

まだ小学生の頃、田舎の私の家の庭にあった梅の古木の洞《うろ》に、小鳥が雛をかえした。町の小鳥屋のおっさんが来て、シジュウカラだと教えた。私は毎日それを覗きに行った。ある日けたたましく鳴く親鳥の声に気づいて見に行くと、洞の中に蛇が入っていた。家じゅう大騒ぎになった。蛇は退治したが、生き残った雛はまだ飛べないので、小鳥籠に入れて養うことになった。餌をやるのは私の仕事だったが、それよりも親鳥が虫を運んできては、細い竹の格子の間から雛の口にふくませた。しかし飛び立つまでに育たないうちに死んだ。私はそのなきがらを庭の一隅に葬って、小鳥の墓をたててやった。

ツツピー、ツツピー、ツツピーという声は、その頃から私の耳に沁みついた。それは明治天皇崩御の年であったことをハッキリおぼえているから、もう五十五年の昔になる。一番好きな小鳥は、と聞かれたら、私がシジュウカラと答えるのは、そんな古い思い出による。黒と白の、敏捷な姿も好もしい。私の近くに住んでいる小説家の深沢七郎君は、その姿を評して、テレビの子供番組で人気のある忍者のナントカノスケを思い出すと言った。

深沢君とは時々会うが、文学の話などしたことはない。いつも旅行の話、木や花の話、甲州の話。つい先日も散歩の途上深沢君に出あうと、彼は私を彼の住むアパートに誘った。小鳥を見せるためである。

深沢君が現在飼っているのは、ホオジロ、ノジコ、キビタキ、アオジ、ヒバリであった。私たちはその鳴き声を聞き、その愛らしい姿を見ながら、長い間小鳥について語りあった。シジュウカラの形容もその時の話である。深沢君は小鳥について蘊蓄があり、その観察はなかなかおもしろかった。

コマドリの話が出た時、私はあのヒンカラカラカラという声は電話のベルに似ていると不風流なことを言ったところ、深沢君は、あの最初のヒヒンというところは馬の嘶《いなな》きに似ている。駒鳥という名はそこから来たのではないかと推測した。初めて聞く説である。なるほどそうかもしれない。

そのコマドリを飽くほど聞いたのは、大和の大峰山を歩いた時だった。弥山《みせん》小屋は一八〇〇メートルの高さで、七月の初めとはいうものの、小雨の朝は肌寒かった。私たちは小屋を発って、大普賢岳の方へ長い尾根道を辿って行った。雨に濡れながら急ぐ道で、私を楽しませてくれたのは、緑の洪水のような美しい木々の茂みと、その奥から間をおかず聞えてくるコマドリの鈴を振るような囀《さえず》りであった。ほんとによく鳴いた。昨夜コマドリ捕りの男と小屋で泊りあわせたが、これなら商売(嫌な言葉だが)になるかもしれない。雛を捕って帰って養わなければ、成鳥を飼っても鳴かないそうである。

私の野鳥の思い出はいつも山と結びつく。ジュウイチを聞いたのは木曽駒ヶ岳の帰りであった。木曽の谷へ下る長い坂道でヒザを痛め、ちんばを引きながらのろのろおりて行くうちに、夕が迫ってきた。その時幽林から、ジヒシーン、ジヒシーンと繰り返す声がしてきた。ジュウイチは一名慈悲心鳥とも呼ばれる。その連呼が次第にパセチックな急調子になって一たん終り、また初めから繰返す。足を引きずって心細かったからであろうか、あの時ほど哀切なジヒシーンを聞いたことはない。

一つでも多く野鳥をおぼえようとして、中西悟堂さんの本を読んだり、鳴き声のレコードを買ったりした。しかしやはり山行きと結びつかないと、本当に自分の知識とはならないものらしい。ところが一緒に山へ行く仲間で、私に野鳥を教えてくれるような人はなかなかいない。

北上山地と陸中海岸

急行「北斗」で盛岡へ着いたのは朝の五時すぎ、もう明るい。バスが出るまでに一時間半ほどある。旅の始まりは、何となく心が浮立っているせいか、退屈はしない。まず新聞を買う。ざっと眼を通すだけである。待合室の一隅に簡単に食事する所がある。そこでトーストと牛乳の朝食をすます。

駅前へ出てみる。広場の中央に啄木の歌碑が建っている。黒い大理石に刻まれた歌は、

ふるさとの山に向ひて
言ふことなし
ふるさとの山はありがたきかな

そのふるさとの山の代表は岩手山だろう。それは盛岡から大きく見えるはずなのだが、今朝は雲に隠れている。青空は無くても、いい天気である。

日曜である。早朝の駅を賑わせているのは、これからハイキングか登山に出かけようとする若者たち。ナップ・サックに運動靴から、大キスリングに山靴まで、種々雑多である。そんなグループが乗物の発着ごとに現われては消えて行く。

待合室に腰をおろして、備えつけのテレビを見ながら、少しうとうとしていると、

「これから朝の大掃除をいたしますから、皆さん、暫く外へ出て下さい」

その大声の終らぬうちに、××教団全国美化運動と書いた鉢巻の青少年の一群がど

やどやと現われて、片っ端から掃除を始めた。見ていて気持のいい甲斐々々しい働きぶりであった。

六時五十分発久慈《くじ》行のバスに乗る。盛岡の市街を離れて、右手に、木々の茂みを透して北上川を見ながら走る。緑は眼に爽やかだが、水の色がいけない。どうして岩手県人は、美しくあるはずの北上川をこう褐色に濁らせておいて平気なのだろう。

三十分とたたないうちに私は居眠りを始めた。長途のバスや自動車ほど、寝不足の旅行者に睡眠を誘うものはない。これから私は初めての北上山地に入ろうとしている。出来るだけ見てやろうと、重い眼蓋をこじあけるように開くのだが、駄目である。すぐ快い睡魔の俘《とりこ》になる。出発前幾晩も寝不足に苛《いじ》められた細胞が、いま仕事と東京から解放されて、一せいに仕返しを始めたようであった。

バスは北上山地の谷間へ入ったらしい。時々あける眼に映る景色は、一人二人乗り降りのある村の停留所、前庭に鶏の遊んでいる農家、道の脇を素ばしっこく流れる小川、桐の花、その他は両側の山地を覆った緑の氾濫であった。どこまで行っても同じような緑の山間であった。

葛巻《くずまき》という、北上山地へ入って初めての町へ着いたのは、二時間半後であった。両側の店の並んでいる背後はすぐ山である。十分の停車の間に、煙草に火をつけて町を一歩きしてくると、ようやくハッキリ眼がさめた。

ここから先、平庭高原までは緩《ゆる》い上り道で、途中、放牧から戻ってきたらしい牛の群に幾つもすれちがった。全くの野放しで、うしろから牛飼いに追われながら三々五々と下りてくる。バスにおどろいて横へ逃げる可愛い仔牛も混っていた。ヒマラヤでよくこんな風景に出あったことを、私はなつかしく思い返した。

眼の前に豊かな緑の草地がのびのびと盛り上っている所で、バスをおりた。一緒の車で来た色とりどりのハイカーたちは、すぐその斜面へ登って行く。私はそこにたった一軒きりの売店兼食堂へ入って、早い昼食を食べながら、大たいの地形を頭に入れるために、東京を出しなに買ってきた五万分の一の地図を拡げた。未知の土地を訪ねる時の私の常套《じようとう》手段である。

靴底に快い土の感触を楽しんで、道路からすぐ東に伸びあがった草地を登りかけた時、まず耳を打ったのはカッコウの声だった。カッコウはそれから殆ど休みなしに鳴いた。明るい高原の隅々まで響きわたるようにそれは鳴いた。竹に雀、柳に燕、という取合せがあるなら、高原にはカッコウであろう。

その次に私をおどろかせたのは、斜面を覆ったミヤマアズマギクの群生であった。

それは地面が紫色に見えるくらい、一面にビッシリ咲いていた。その中に翁草《おきな》やタンポポも混っているけれど、主調はミヤマアズマギクである。翁草がこんなにあるところも珍しい。

翁草に唇触れて帰りしがあはれあはれ今想ひ出でつも

というのは斎藤茂吉の『赤光』にある歌だが、もう花が終って長い白髪をなびかせているものもあった。

見渡す限り広々とした、その草地を踏んで、「平庭岳頂上一〇五九メートル」と標柱の立っている所まで登った。頂上らしくもない高原の続きである。日曜のせいか行楽の人々があちこちに見えて、頂上付近ではテントを張って運動会をしている一群もあった。けたたましい音を立てて、オートバイの青年が次々登ってくる。その疾駆を許すほど高原はのんびりと大きい。

群集を避けて、地図に遠別岳とある方へ登って行くと、山好きの私にはこの上ない嬉しい贈り物があった。彼方山なみの上に、一きわ高く岩手山がみちのくの王者の姿で立っていた。それだけでない。更に左に離れて姫神山の優しい金字塔があった。空はすっかり晴れて、かつて私がその頂上に立ったことのある二つの山が、私に呼びかけてくるようであった。

私は花の敷いた草原に寝ころんだ。そしてうつらうつらまどろんだ。いい気持である。眼を開くと、まわりにはミヤマアズマギクがあり、カッコウが鳴き、岩手山と姫神山が午後の陽に次第に霞みながら立っていた。尾の長い鳥が鳴きながら眼の前を飛んだ。声でカッコウとわかったが、ブキッチョな飛びかただった。

私は立上ってまた登りつづけた。草地が灌木に変って、春蝉が鳴いていた。遠別岳まで行くのはやめて、その手前の三角点のある頂上で引返した。遠別岳も、その左うしろに見える円頂の安家森《あっかもり》も樹木に覆われている。遠別へ続く鞍部の草地には、点々と放牧の牛が見えた。

平庭岳の頂まで戻ってくると、もう人影はまばらになっていた。平庭峠の方へおりようとする所に、もう仕舞いかけている野天の茶店があったので、そこの腰掛けで、おでんを食べビールを飲んだ。茶店のおかみさんの話では、この次の日曜に「つつじ祭り」が行われるので、大勢の人で賑わうだろうと言う。しかし満山つつじという景色をほかで幾度も見ている私は、ここのつつじはそれほど自慢の種には思われなかった。それより高原に咲きつめたミヤマアズマギクの方がよほどましだと言いたいが、そんな野草では名所にはならないとみえる。

白樺林の中を通って停留所へ出、バスを待って葛巻へ帰り、そこの宿屋へ泊った。静かな宿だった。くらやみに寝ながら、裏山でジヒシーン、ジヒシーン、と慈悲心鳥の鳴くのが聞えてくると、やはり北上山地の山深い所にいることが感じられた。

翌朝八時のバスで葛巻を発って岩泉へ向った。いい天気である。一番前の席へ坐り、今日は大きな眼を見張っていた。道は馬淵《まぶち》川に沿って相変らず山の中である。時々は僅かの田があり、田植が終ったばかりであったが、見渡したところは山また山である。一つの山鼻を曲ると次の新しい山が現われるといった風で、果てしもなく続いた。

少しも私は見倦かなかった。名所と呼ばれるような際立ったものは何もないけれど、その緑の山がただ美しかった。北上山地は東北本線から太平洋へ出るまでの長い間、町らしいものは葛巻と岩泉だけ。あとは山の中を通るばかりである。

国境峠が分水嶺になって、今度は小本川に沿って走る。時々牛を乗せたトラックとすれ違う。放牧に連れて行くのだそうである。牛と桐の花。それだけが目立った。

岩泉へ着くまでに二時間半かかった。町役場の人に案内を頼んで、タクシーで近くの鍾乳洞を見に行った。龍泉洞といってこのへんの名所になっている。私には北上山地の緑の中を通り抜けるだけで充分楽しかったが、観光客には何か名所が必要らしい。

どこの鍾乳洞も似たり寄ったりである。ただ竜泉洞はとうとうと水が流れていて、その脇に板敷きの桟道がついている。昔は舟で見物に入ったそうである。石筍《せきじゅん》と鍾乳石。それがいろいろな形を作って、いろいろな名前がついている。名前を見て、ハハーなるほどとその形を合点するのも、どこの鍾乳洞でも同じである。

竜泉洞の外は小公園になっていて、遊覧の人々が群れていた。私たちも野天にゴザを敷いて、成吉思汗《じんぎすかん》鍋を食べた。この料理も今やどこへ行っても流行になっている。

鍾乳洞はさして私には珍しくなかったが、そこから更にタクシーで四十分、石峠を越えて辺鄙な山の中の安家《あっか》洞へ案内された時には、一驚した。この鍾乳洞は整備されるまで、一般には未公開になっている。上下続きの作業服を着て、鉄カブトをかぶり、懐中電燈を持って、私たちはその中へ入った。鍾乳石や石筍の砕片を踏んで、狭い穴を潜り抜けたり、這いつくばったりしながら、奥へ奥へと進んだが、果てしがなかった。規模壮大である。奥行がどのくらいあるか、未探険だそうである。日本一というのは本当だろう。

洞の入口にはまだ雪が残っていた。真暗な穴から外へ出ると、谷川に沿うたその安《あっ》家《か》という小さな部落が不思議に美しかった。

岩泉へ引返して、陸中海岸の平井賀まで、旅館から迎えの自動車に乗った。もう海が見えてもいい頃だと期待したが、まだ行手に山が続いていた。白坂峠というのを越えると、眼下に平坦な台地が見え、その果てに初めて海があった。

長い長い北上山地をとうとう通り抜けて、島越《しまのこし》の海辺へ出た時はさすがに嬉しかった。丘陵を迂回して平井賀までは間もなかった。

平井賀は天然の入江で、その詰めの段丘の上に本家旅館があった。段丘は桐畑になって紫の花をつけ、二階の部屋から桐の木の上に、青い海が見渡せた。よそよそしい大旅館ではなく、気持のいい親切な宿であった。廊下に三好達治君の筆蹟が掲げてあった。

春の岬
旅の終りの鴎どり
浮きつつ遠くなりにけるかも

三好君は舟待ちのためこの宿で数日を過し、ここで出来た詩もほかにある。宿の主人は私の旧作まで覚えておられたから心安い。夕食は村の観光係の人も混えて、三人で歓談した。おきまりの旅館の夕飯でなく、新鮮な海のものずくめの御馳走だった。

紙と筆とを残して行かれたので、私も何か書かねばならない。思いつくまま、図々しくも詩らしいものを書いたのは、酒の酔いが手伝っていたからだろう。図々しさのついでにそれを披露すれば、

緑の山を幾つも幾つも
越えてきた
不意に山が切れて
海があった
青い海があった
海は白い波を立て
丘には桐の花が咲いていた。

北上山地がそんなにも深い山であることを、読者に知って貰いたい。

翌朝しきりに鳴く老鶯の声で眼がさめた。緑の山が海まで迫っているのだ。人のよい宿のあるじ畠山さんは、昨日から舟を出せる天気になることばかり気にしていたが、

おだやかな海は水平線まで煙るように続いていた。

朝の濃い牛乳は、海へ来ても岩手県は牧畜の国であることを知らせた。食後ここの小学校の校長さんと畠山さんと三人で発動機船に乗った。陸を離れるともうすぐそこに国立公園の陸中海岸があった。舟は岸に沿って北へ進む。まず斜《はす》かいに筋の入った岩が突き出ているのは化石断層で、ここからたくさんの化石が出た、と校長さんに教えられる。それからみごとな岩壁が続いた。

岩壁の上部にガスがかかっていて、その本当の凄い高さが見えないことを、畠山さんは私のためにひどく残念がった。断崖はところどころに洞門や洞窟を作り、オベリスクのように突っ立った島もあって、その頂には青々した松が生えていた。その梢に鷲が巣をかけたという。

黒鵜が一羽、見張りするように岩の上に立っている。そのカッコよさ。海猫の集合で白く見える島もあった。これは大群で飛び立つのが美しい模様であった。

断崖の中辺に灌木叢があって、それは白花シャクナゲだそうだが、まだ花には時期が早かった。この山の植物が、海面からすぐ近くの岩にあるのは珍しく、天然記念物に指定されている。高さ六メートルにおよぶ群落が見られるという。

北山崎が景観の最高潮であった。私たちの船はその下まで行って、切り立った岩壁を見あげ、海の侵蝕が作ったみごとなオブジェを賞してから、舳を返した。帰りに弁天島へ舟をつけた。島の上部には木が生い茂り、岩だたみが海に敷いて、そこには海藻や貝類がたくさん付いていた。

なぜこの島へ上陸したか、そのわけはすぐ分った。畠山さんの下げていた袋の中に数本のビールが入っていたのである。それだけではない。岩だたみへ暫くおりたと思ううち、もうビールの肴が得られた。私の大好きなアワビ。弁天島の酒盛はささやかであったが楽しかった。

平井賀へ戻ったのは昼すぎ、海面から眺めた国立公園を、今度は陸上から見おろすために、自動車で北山崎まで行った。途中、この岩壁つづきの海岸では珍しい砂浜があって、そこは夏は好適な海水浴場になるという話であった。

北山崎のほとんど先端まで新しい道路がついて、そこに建っている展望台まで車が入った。上から見おろした景色はまた別の豪快さを持っていた。ここからは、出入りのはげしい岩壁の連なりを大観出来た。あいにくのガスで、遠い先までは見えなかったが、ガスのため一層陰影に富んだ風景になっていた。月は隈なきをのみ見るものかは。私は曇った陸中海岸を少しも残念には思わなかった。

平井賀をも含む田野畑村の観光協会の総会が、ちょうど展望台のコンクリートの建物の中で催されていた。そこは目下整地中で、完成したら国立公園随一の名所になろうという将来性のある場所であったから、協会の役員たちの気勢の大いにあがっていることは、その宴会の盛大さによっても察しられた。

北山崎から再び自動車で、更に北の黒崎まで走った。海を見おろす高さ一六〇メートルの山鼻の上に燈台がある。どこの燈台でも、私はそこのこぢんまりした清潔さにいつも感心するが、ここでも綺麗に掃除された構内には、可憐な草花が植えられて、燈台守の人柄がしのばれるようであった。そこから眺めた断崖も雄大で、海面から直ちに急な斜線が突きあげている。その上に今夜の泊りの普代《ふだい》村営国民宿舎があった。

それは竣工したばかりの、まだ工事の匂いの残っている真新しい建物であった。「くろさき荘」と呼び、二階建の余裕たっぷりな建てかたで、営業臭の無いところが気持よかった。その日初めてたてたという風呂に入り、まだシツケの取れない丹前を着て、まず私は「くろさき荘」第一号の客というかたちであった。

普代の村長さんと、役場の観光係の人と、それからさっき人柄をしのんだ燈台長さんと、私の四人で、夕飯の卓をかこんだ。村長さんは恰幅のいい体格で、普代の名門の出らしく鷹揚であった。見聞も広く、話は酒に乗って次から次へとはずんだ。

談笑の途中、私はヨタカの声を聞きとめた。奥山で鳴くヨタカを、こんな海べで耳にしようとは思わなかった。海のすぐ脇が奥山なのである。北上山地は海のへりまで来ている。ヨタカの鳴き声から話は動物に移った。狐や狸はこのへんではよく見かけるという。雉子も多い。村長さんの抱負は、高崎山の猿のように、雉子に餌つけをして雉子園を作り、観光の名物にしようというのである。おもしろい考えであるが、雉子は何を餌にするのだろう。

昨晩のテレビでは、今日は風雨注意が出ていた。果して朝窓のカーテンを引くと、眼下の海は荒い波を立てていた。その波の中を二三の漁船が走っている。まだ雨にはならない。昨日よりもハッキリと断崖が見えた。

「今日は駄目ですね」

村長さんは私のために舟を仕立てるように言いつけてあったのだが、もちろん取りやめである。食堂で向いあって朝食についた時、二人でビールを一本飲んだ。一本では済まなかった。二本になり、三本になり、やがて、

「やっぱり酒の方が落ちつきますな」

ということになった。この天気では落ちつくよりほかなかった。実直な燈台長さんも呼び寄せられて、三人でまた午後まで飲んだ。

普代の本村まで村長さんに車で送ってもらった。もう雨になっていた。しかし三日

間の天気に恵まれて、見るものは見てしまった私に悔いはなかった。

普代から久慈までバスがあった。久慈から汽車に乗った。酔い疲れで私はうとうと眠った。それでも、階上《はしかみ》とか、種差《たねさし》とか、鮫《さめ》とか、聞いたことのある名前の駅へ来ると、私は窓の曇りを拭いて、外をうかがったが、もうすっかり雨風になって、おぼろげな海岸しか見えなかった。

尻内に着いた時は暗くなっていた。すぐ連絡する夜行で東京へ帰った。

ウェストン祭

ウェストン祭に初めて列席した。六月の第一日曜の朝、家族や友人知人を伴って上高地に着くと、空はきれいに晴れて穂高の雪はあざやかに、梓《あずさ》川の清い流れのほとりには小梨の花が真白に咲いていていた。

景色に申し分はない。ただ河童橋からウェストンの碑までの道が、以前は快い散歩道だったのに、今度来てみると石ころが多くて歩き難く、しかも頻繁な自動車の往復を道端に避けなければならなかった。

途中で出あった藤木九三さんもこの道には辟易《へきえき》されたとみえ、「自動車を通すなら、その脇に、別に散歩道を作る必要があるね」とおっしゃった。「そうですよ。自動車のため道に石を敷いたりするから、歩く者は苦労しますよ」と私も応じた。

碑前のウェストン祭は盛大に終って、午後の講演者にあてられている私たち数人と、地元の関係者たちとが、旅館の広間で昼食を共にした。その席でも藤木さんは先の不平を公開された。すると日本山岳会長の日高信六郎さんがこんな話をして皆を笑わせた。

「近頃は補償ばやりで、何かというと補償とくる。川岸を変えられたので、釣師まで補償金を要求したという話もありますよ。そんな時代に、一番損害を受けながら一番黙っているのは歩行者ですよ。全国の歩行者が団結して補償金を要求する権利がある……」

たしかに、私たちが昔通りのんびりした気持で、美しい風景を眺めながら田舎道を歩いて行こうとするのに、その道はもう弾みのある快い土壌ではなく、割石をブチ込まれて、タイヤには好適かもしれないが、人間の足には邪慳《じゃけん》な道に変っている。しかも後ろから絶えず警笛におどかされ、道端に立って車をやり過すと、その返礼は濛々たる砂埃りである。こんな大きな被害があろうか。

上高地にまでその被害が及んできた。地元の人の説明によると、ウェストン碑のある梓川右岸の川べり道は、初めは自動車を通さない方針であったが、その側にある旅館業者から苦情が出たので、通すことになったのだという。無言の大衆である歩行者こそいい迷惑である。

小梨平のセントラル・ロッジで開かれた午後の記念講演会は、講演者数人のそれぞれの個性のある話で面白かった。その中で元厚生大臣の橋本龍伍さんは「私は御らんの通り不具の身体ですが……」という切出しで話された。橋本さんは幼年の時大病に犯されて足が不自由になった。それ以後松葉杖に頼らねばならなくなったが、その足で日本アルプスへもよく登られた。今は二本杖だが、やはり山登りは欠かされぬという。失礼ながらビッコの橋本さんを見たら、健全な二本足を持ちながらそれを使用しようともせぬ世の怠け者は慙死すべきであろう。

串田孫一君の話は軽妙なユーモアの中に辛辣《しんらつ》な針を含んでいた。これからの上高地訪問者はマスクの用意が要るだろうと言って聴衆を笑わせた。串田君は大正池から河童橋までの林間の道で、自動車の埃りに悩まされたらしい。

国立公園に遊ぶ人がふえてきたが、一方心ない人々もふえてきた。自然愛護のための対策についていろいろ議論が持上っている。しかし心ない人々を責める前に、心ない観光業者を責めねばならない。人々は自然を愛しようとしているのに、それを妨げる不届きな施設を責めねばならない。上高地へ来るにもマスクが必要とあっては、自然保護の策どころではない。設備の完全ということと、安易な便利さというものとは、別物であることを知らねばならない。例えば上高地なら、自動車は大正池までで留むべきであった。人々はよく幼老や婦人のための便利を言うが、そういう便利は却って彼等から自然を観賞する楽しみを奪うものであることを悟らねばならない。橋本さんを見ならうがいい。橋本さんは講演会のあと、あの不自由な足で、嬉々として明神池までの道を楽しんでおられた。

自然愛護の徒は今こそ一致協力して、われわれの楽しみを奪おうとする施設に対して、猛烈な反撃を加うべきであろう。

下北半島の山

本州の一番北にある名の聞えた山は、下北半島の恐山《おそれざん》である。二十五年前、私はそれへ登るつもりで行った。当時は半島一たい大湊要塞地帯で、五万分の一はもちろんなく、二十万分の一のケバ地図があるだけで、しかもそれには標高も記されていなかった。私は北海岸の大畑から正津川《しょうづ》に沿って上り、宇曽利《うそり》湖に出て湖畔のお寺に一泊してから、田名部《たなぶ》へ下った。

宇曽利湖は火口湖で、その周りに、大尽山《おおづくし》、北国山、屏風山、円山などの外輪山が立っている。私はそのどれかに登りたかったが、黒木でビッシリ覆われ、しかも要塞地帯である。私は眺めるだけで我慢した。

普通恐山と呼ばれているのは、湖のほとりの菩提寺であって、昔から霊場として崇められている。その付近に麹屋地獄だの、八幡地獄だの、いろいろの地獄の名のついた噴煙があって、温泉が湧いている。この菩提寺のお祭りの時、津軽・南部の全イタコが参集して、参詣人を占うので有名である。イタコというのは一種の霊媒で、亡者の霊がイタコに乗り移る。多くの素樸な参詣人は、イタコによって亡き近親者の声を聞き、涙にむせぶそうである。

一九六〇年の七月上旬、私は再び下北半島へ行った。今度はNHKのO君と二人で、半島のあちこちを廻ってルポルタージュを取る役目があった。田名部に着くと恐山の祭礼が数日後に迫っていた。私はもう恐山には興味がなかったが、イタコというものに一ぺん会ってみたかったので、田名部で一番評判のイタコを訪ねた。盲目の老婆であった。近頃イタコがしばしばジャーナリズムに取り上げられるようになったせいか、婆さんも心得ていた。

「録音するんだベナ」

私は前年亡くなった母の命日を言って、その声を聞かせて貰うよう頼んだ。老イタコは黒い大きい粒の数珠を両手で揉みながら、祭文《さいもん》のような節廻しの長い単調なお経を誦し始めた。盲《めし》いた皺だらけの顔と相対していると、何となく妖術じみて、あまりいい気持ではない。

しかしイタコは、私のようなひやかしには効き目のないことを承知のふうで、お布施の分だけ唱えると、あっさり、

「これでよかべにし」と言った。

私にはさっぱり分らなかったが、その長い唱え言の中にちゃんと私の母の声が乗り移って、私にこう告げたそうである。すなわち今年の十月二十二、二十三日に北の方へ出張すると災難がある、それから十二月七、八日に親しい人に金を貸すと取れないことがあるから注意せよ。

私たちは田名部（大湊と合併してむつ市となった。陸奥市ではなく、むつ市と書く。漢字排斥論者の喜ぶ市名である）からバスで南海岸の川内まで行った。川内から山越えをして反対側の佐井へ出るためである。下北半島はマサカリの形をしていて、その頭部にあたる所は殆ど官有林、従って内部の交通機関は営林署の森林軌道によるほかない。こういう土地で何か旅行の便宜を得ようとしたら、役場より営林署を訪ねなければならない。実権はその手にある。

川内の塀や電信柱にはアジビラが残っていた。営林署の大労働争議が終ったばかりであった。中央から組合側の指導者が乗りこんで来て、町の二軒の宿屋は両陣営に占領され、数十日間相対抗したそうである。私たちの泊った宿は使用者側であった。

翌朝、森林軌道に乗せて貰って、十六キロ山奥の孤村、畑部落へ向った。途中見渡す限り青青と茂った山林で、ナラ、トチ、ブナ、その他広葉樹の雑木である。線路のかたわらを綴っている濃い紫の野アヤメが美しかった。安部城《あべしろ》という銅山の廃鉱を通りすぎる。黒い鉱滓《こうし》が土手を築き、半分に折れた煉瓦の爐が立ち残っていた。大正十二三年頃までは足尾や別子に並ぶ繁栄だったという。どこでも鉱山跡というものは何か陰惨な感じがする。私はどんな山の中へ入っても自然は怖くないが、人間の住んだ跡は、その形骸の残っている所は、薄気味が悪い。

畑には美人が多いですよ、と私たちは田名部でも川内でも聞かされていたが、そういう言葉に特別の期待をかけると失望するものだ。アイヌ系とも言われ、へんぴな山の奥に孤立して外との交渉が少なかったため、血筋の純粋性を保ってきたのは事実だろう。昔はマタギ（猟師）部落だったそうで、藩政時代にはここの猟師だけが鉄砲を持つことを許されたという。今でも熊を突く槍や、金具の装飾のついた火縄銃が残っていた。熊はだんだん少なくなって、今は狩猟は気慰みにすぎなくなり、山子《やまこ》（木こり）を主な仕事にしている。しかしまだ昔のマタギが生き残っていて、私たちの会った工藤石松という七十四歳のカクシャクたる老人は、十幾つかの時父のマタギから熊獲りを仕込まれ、五十六頭を仕留めたと言った。

マタギにはいろいろ戒律があって、今でも厳重に守られている。オカベトナエというのは、熊を殺した時、その場で熊に引導を渡す呪文だそうだが、父子相伝の秘密になっている。私たちは石松さんをそそのかしてそのオカベトナエを聞こうとしたが、頑として応じない。父の遺志に背いてはならぬというのである。

畑から更に三キロほど細い道を奥へ進んだ所に、湯野川という温泉がある。山合いの少し開けた所に、二十戸ほどの粗末な家が散らばっているだけで、温泉というより貧しい山村といった風景で、タバコを売っている店もなかった。中央に共同湯があり、農閑期に湯治に来る人々にそなえた宿屋がある。都会の大学のワンダーフォーゲルがやってきて、絵葉書はないかと訊いたそうだ。

「エハガキだなんて、まあ――」と宿のおばさんは私たちに話して笑った。

しかし湯量は豊富で、透明で、熱くて、もし道がよくなり、バスでも通うようになったら、それこそタバコも絵葉書も売っている温泉場になるだろう。私たちの出会った一婦人は、馬に乗って嫁入りしてきたと言っていた。

蛙の声に包まれた宿で一夜を明かした翌朝、山越えにかかった。森林軌道は更に奥の山仕事場まで通じていて、それに便乗させて貰った。移動飯場小屋に着いて一休みしてから、営林署の人に道案内されて山道を歩き始めた。途中、署の好意で、特に録音のために、大きなトチとブナとヒバの三本を切り倒した。大木がメリメリと芯が引きちぎれるような音を立てて、地響きを伴って倒れるのは壮観であった。山子の仕事には、造林、造材、搬出などあるが、やはり伐木が王様だねと、倒れた木の傍で山子のエキスパートが語った。

軌道を離れると、細々とした道が谷川に沿って上っていた。通る人もないとみえて、背ほどある草を分けて行かねばならぬ所が多かった。草の中にアザミが繁っていて、そのトゲが半袖から剥きだしの肌に触れて痛い。先頭に立った営林署の人が草を切り払いながら進んでくれるのは有難いが、職掌がらむやみに足が速く、ついて行くのに骨が折れた。

あたりは鬱蒼とした広葉樹に覆われていて、その間を流れて行く谷川が美しい。下北半島の山地は高さは大してないが、地勢が混み入っていて見当がつかない。人の住んでいるのは海岸沿いだけで、山中には殆ど部落がない。

谷川を渡って、峠へ最後の登りにかかる所で弁当を拡げた。休んでいる間に、私は朝比奈岳の話を持ちだした。この山は高さは八七四メートルにすぎないが、下北半島の最高峰である。田名部で聞いたところでは、殆ど登った人がないという。私は出発前からその登山を予定に入れていた。山好きの営林署のSさんもまだ知らないので、放送局の私の仕事がすんだら、是非一緒に登ろうということになった。湯野川に道を知っている老人がいた。

昼食の一休みの後、そこから一しきり登ると、やがて峠の上へ出た。五一一メートルしかないが、何しろあたりは山ばかりで全く人気《ひとけ》がないから、深山の感じである。この峠道は湯野川越えと呼ばれ、半島を横断する捷径《しょうけい》として以前は通る人もあったらしいが、バスの発達した今日、もうこんな峠道を顧みる人のなくなったことは、日本のどこにでも見られる現象である。しかし時勢は又変って、あちこちの古い峠道が新しいバス道路として復活しつつある。湯野川越えも同様で、近くバスの通える道に開鑿されそうである。すでにその工事が佐井側で進捗していた。

峠から、佐井の方へ下って行くと、やがてその新しい大きな道路工事の末端に着いた。私たちはそこからトラックに乗った。

佐井は小ざっぱりした感じのいい海村であった。二日間青い山ばかり見てきた眼に、家々の間にのぞいている紺碧の海は、まことに爽やかな眺めであった。

私たち二人はそれから更に半島の旅を続けて、田名部に戻ってきた。任務から解放された私はさっそく朝比奈岳登山のため川内のSさんに電話で連絡したところ、営林署の争議の跡始末で身体が空かないという返事だった。

私は今でも下北半島の最高峰に登り損ねたのを残念に思っている。と言って、千メートルに足りない山へわざわざ出かけて行く気にもなれない。

ワンダーリング

ワンダーフォーゲルという言葉がこんなに流行りだしたのは、いつごろからだろう。数年前電話がかかってきて、

「こちらは××大学ワンゲル部ですが……」

「ワンゲル？」

当時私はまだそんな安直な略語を知らなかった。近ごろスタメン（スタート・メンバー）とか、リモコン（リモート・コントロール）とか、いずれ十年ともたない言葉であろう。

その後、各大学にワンゲル部があって、部員の数は年々増加している由を聞いた。それに反して山岳部へ入る者は減少し、全部で十数名の部員しか持たない大学も稀ではないという。

大学山岳部はよく遭難事件をおこすので、そんな怖い部へ志願者が少なくなったの

だろう。数年前の話、ある女子大学で山岳部が成立たなくなり、ワンゲル部と改名したところ、たちまち百数十名が殺到したそうだ。もちろん中身は同じである。

ワンダーフォーゲルの起りは、ドイツの青年徒歩旅行から来ている。渡り鳥のように森や野を遍歴するのが趣旨であった。日本にだって旅鳥《たびがらす》という言葉がある。旅鳥部では大学のコケンに関するのかもしれない。

私の在学した旧制高等学校では、山岳部と言わずに旅行部と呼んだ。ワラジ・キャハンの時代であったから、登山と旅行との間にさしたる区別はなかった。今は違う。車体の幅のある道であれば、どんな山奥へもバスが入りこみ、道ばたの木も草もほこりで真白になっている。軒先にラムネとトコロテンが水につけてある茶店も無くなった。

だれがそんな道をテクテク歩くものか。山へ行くアプローチの楽しさは無くなった。バスをおりるとすぐ登りである。ワンゲル部が山岳部に似てきたのも無理もない。

山岳部はワンゲル部との間に自負的な一線を引くために、冬季登山とロック・クライミングに専念するようになった。それはいいがそのため視野が狭くなって、登山の意義はそれにしかないと思いこみ、穂高と剣と谷川岳しか知らず、登山の他の楽しみを顧みなくなった観がある。

これら若き「アルピニスト」にとっては、普通の道をたどって山へ登り、周囲の景色に感動したり、深い森林の中を気ままに楽しく歩いていくような連中は、真の登山家と呼ぶに価しない。垂直の岩の壁、雪のつまったルンゼ、つめたい夜のビヴァーク、それを知らない者は山のミーチャン・ハーチャンにすぎないのである。彼等にとって、もはや山は特大型のジムでしかない。スタミナだのバランスだのが尊重されて、登山は一種の競技となっている。

模倣は日本の常、いっぱしな登山家の格好がしたくて、用もないのにピッケルを持ち、重い山靴をはいて、背には肩を越す大リュック、そんな登山者がふえてきた。

しかし私は知っている。まだ一本のピトンを岩に打ちこんだおぼえもなく、氷の壁でピッケルを振ったこともないが、空気の甘美に匂う森や原をさまよい、深い谷をさかのぼったり、ヤブを漕いだり、そして頂上で安らかな憩いを楽しむ人たち、そんな人たちの中に真の意味の登山家がいることを。彼等は本当に山を愛し、山からすべてのものを吸収しようとする。彼等はどんなに年をとっても山が忘れられない。

それに反して、かの勇敢な若きアルピニストたちには、あまりにも早く山から離れる人が多い。競技的な山登りに熱中した人たちは、自分の進む道が袋小路に入ると、さっさと山を見棄ててほかの楽しみに行ってしまう。美しいお嬢さんや自動車や他のスポーツ。と言うのも彼等は本当に山の美しさや楽しさを味わう暇がなかったのである。

ワンゲルが山岳部の真似をするのはおかしい。自由に楽しく山を歩きまわるのに、何の負け目があるのだろう。昔の大学山岳部は多分にワンゲル的であった。自然には随分シゴカレタが、主将とか副将とかいう者にシゴカレルようなことはなかった。そしてワンダーリングの楽しさを充分に味わっていたから、いつまでたっても山から離れられない人が多い。

谷二つ

大杉谷

大台ヶ原山へは二度行った。最初は冬の終りで、頂上から大杉谷を下る道は凍っていて危険というので割愛した。大台ヶ原へ登って大杉谷を知らないのは、「堂に入って室に入らざる」ごときものである。私は再遊を期した。

その機会が来た。今度は七月、私は浪人の息子をつれて出かけた。この前は吉野川上流の柏木から歩いて、入之波《しおのは》を通り大台ヶ原に登ったが、今度は上まで車が行くという。柏木で一泊、そこから伯母峰峠を経て熊野へ抜けるバスが通じている。その峠から大台ヶ原へ登る有料自動車道路が開通したのである。

山へ車が登るようになっては、その山もおしまいである。汗をかきながら足で登った山と、クッションに尻をおろして車で登った山とは、全く別物である。山そのものに変りはないとはいえ、気分が違う。労せずして得たものには感激がない。それではお前は歩いて登れ、と言われるかもしれないが、車がある以上、それを利用したくなるのは当然である。電燈がついたのにランプですますことはない。ただそれを決して便利になったとは思わない。余計なものが出来た。これが無ければ歩く楽しみがあったのに。すべて便利というものは、目に見えない大きなマイナスを含んでいる。

バスが伯母峰峠を越えるあたりで、大台ヶ原行の有料道路がわかれる。山稜の脊を走り、近鉄「山の家」のすぐ近くまでそれは通じていた。たしかそのあたりは深い原生林だったと記憶するが、無残に切拓《ひら》かれて、新開地的なターミナル風景が拡がっていた。

自動車道路がついた上は、もう大台ヶ原は登山の対象ではなく、観光地となって、大勢の軽装の遊覧者が群れていた。その日は、私たちは大台ヶ原の観光コースとも言うべき大蛇嵓《だいじやぐら》、牛石ヶ原、正木ヶ原等を巡遊し、最高峰の日出ヶ岳へ登って「山の家」へ戻った。

翌日大杉谷へ下ることになったが、これは軽い遊覧気分では無理で、足ごしらえや雨具、一通り山行の支度を必要とする。私たち親子が大阪で合流した一行は、案内役のF君と、美しい紅一点のTさんを除くと、あとの諸君は即製の登山家であった。

買ったばかりの新しいものをつけている。その凛々しい服装の手前みな元気がいい。

昨日の日出ヶ岳の頂上へもう一度登り直し、そこから鬱蒼と茂った樹林帯の中を約七百メートルも下る。急坂は黙っているが、平坦になると賑やかになる。即製登山家たちは、自分一人後れを取ってはならぬから、お互いに牽制する。「顔が青いが大丈夫かい」とか、「君の膝は笑い出してきたようだぜ」とか。牽制はもっぱら口で行われるので、明るい笑いが絶えない。

坂を下り切ると谷川へ出る。これが大杉谷の始まりで、その冒頭にふさわしく見事な堂倉滝がかかっていた。滝を前にして一行は昼食にした。W君の釣り好きは前の晩から聞いていたが、持参の釣道具を取出すとすぐ川の奥へ消えた。やがて数尾のイワナを下げて現われた時には、もう私たちの食事は終りかけであった。

大杉谷は滝の連続であった。普通谷の両脇から本流へ落ちてくる滝が多いが、ここではそれが本流にあった。与八郎滝、隠滝、光滝と次々現われる滝は、いずれも水量が多く、それぞれ個性を持っていて、一つとして似たのがないのがおもしろい。

こんなに見事な滝の多いのは、大杉谷が深くて急峻なことにもよるが、雨の多い源流の森林にたっぷり水分が貯えられているからでもあろう。戦前は伊勢神宮の建築材をこの谷から出していたので、御料林として保護されていたのである。

滝から次の滝までの間は、瀬となり、淵となって、切り立った岩壁の合間を流れて行く。谷は険しいから桟道や吊橋の連続である。その踏板の朽ちかけたところもあって、油断が出来ない。しかし豊かに茂った緑の間から見おろす眺めは、いつも美しく清らかで、変化に富み、私たちの眼を倦かせない。

時々流れは私たちから離れて岩のかげに隠れる。七ツ釜と呼ぶのは七つの滝が連なって落ちているそうだが、道からはその三つしか見えない。あとの滝の隠れている岩を、高い梯子段のような桟道によって越えねばならなかった。

ようやく夕方桃ノ木小屋へ近づく頃から雨が降り出し、幸い、それがどしゃ降りになったのは、小屋へ着いてからであった。小屋番の話によると、戦前道のないころ日出ヶ岳からここまで四晩も野宿して辿りついたそうである。

一晩中降りつづいた雨は、翌朝もまだ渋っていた。私たちは雨具をつけて出発した。大杉谷にはまた嵓が多い。嵓《くら》とは大きな岩壁のことで、それが行手に通せん棒をする。平等嵓《びょうどうぐら》はその下の道が通れなかったので、私たちはその雄大な岩壁を高巻きするために、四百メートルも小雨の中を登らねばならなかった。登りは急で、深い森林の中を木の根や岩かどを踏んで行く。やっと登りつめて、平坦な道へ出てホッとした。

雨はやんだが霧が立ちこめている。しかし上り下りの連続の後の平らな道は、まるで極楽のようであった。やがて木材搬出の作業場へ出た。傍らの崖に、対岸から木材を運ぶためのケーブルがついていて、小さな舟型の箱がさがっていた。霧で谷底は見えず、その箱はまるで岸壁につながれた艀《はしけ》のようであった。

それに乗って谷の中央まで出れば、対岸のニコニコ滝が見られると作業場の人は言うが、みんな二の足をふんだ。ケーブルの先は霧の中にスーッと消えている。どこへ連れて行かれるか、不安この上もない。まず私が搭乗を申し出た。息子がそれに続いた。もう一人座席の余裕があるのでカメラマンのK君が志願した。

揺れる小舟に乗ってしっかと縁につかまっていると、合図があって岸壁を離れた。初めは霧の中を進んだが、パッと視界が展けると、深い谷の真上だった。高い高いニコニコ滝が対岸に見えた。それもみごとであったが、眼下の大杉谷が、のたうつ大蛇のように紆余しながら、山間を流れ下っているさまは壮観であった。カメラマンはカメラを持たせると、怖ろしく勇敢になるものだ。K君は乗り出すようにして、パチパチとシャッターを切った。

再び霧の中を通って崖の上へ戻ってきた。不安げに待っていた人々は歓声で迎え、私たちは賞品のジュースを獲得した。

それからずっと長い下り道が続いて川のふちへ出た。もう一つ大日嵓の高巻きがある。それに取りかかる前に、私たちは河原で休み、そこで泳いだ。

大日嵓を越えると、もうそこは大きなダムになって、大杉谷の景勝は終った。二日間の楽しい長い道のりで、一同は疲れていた。W君は本当に膝が笑い出したと言って、少しビッコを引いていた。トラックをつかまえて大杉の村まで約四キロ、ダム沿いの道を走った。おそろしくバウンドする道で、片時も座が落ちつかない。「ああお尻が笑いだした」とM君が叫んで大笑いになった。

大杉の宿でビールを飲み、そこから出るバスに乗った。村の少し下で、大杉谷は大和谷と合流する。両方ダムでつながって、宮川ダムと呼ばれている。三重県の県営ダムである。バスは宮川に沿って三瀬に出、それから伊勢の松阪まで走った。松阪では本居宣長の旧居鈴廼屋を訪ね、有名なスキ焼店へ上って松阪肉を腹一ぱい食って、この旅は終った。

弥山川

大台ヶ原の山脈と平行して、紀伊半島を南北に走る大峰山脈、そこへも私は二度行った。初めは早春の頃で、洞川《どろがわ》から山上ヶ岳へ登り、尾根伝いに弥山《みせん》小屋まで歩き、近畿の最高峰八経ヶ岳の上に立って下山した。その下り道で、弥山川の上流狼平と呼ぶ河原でゆっくり休んだ時、この川下には凄いゴルジュがあって、双門滝というみごとな滝がかかっているという話を聞いた。しかしその時は弥山川を下らずに、川を横切り、頂仙岳の横を巻いて、川合部落へ出る道を採った。

弥山川には未練があった。そこで二年後の夏そこへ誘われた機会を、私は逃さなかった。今度も大杉谷へ行った時と同じグループであったが、メンバーの半分は変っていた。

大阪の阿部野駅から近鉄に乗って、大台ヶ原へ行くには上市《かみいち》下車だが、大峰山は下市《しもいち》で降りる。そこからハイヤーで天川《てんかわ》村の川合部落まで走る。車は次第に山深く入りこみ、最後の峠を越すと天《てん》ノ川のほとりへおりた。そこで川が二つ合流するので、そこにあるのが川合である。

私たちは峠を越えていきなり天ノ川の上流へおりてきたのだが、この川の下《しも》は十津《とつ》川となり、熊野川となって、熊野灘にそそぐ。むかし下から歩いて上ってきた時には、さぞ長い道のりで、文字通り天ノ川という気がしたかもしれない。古い物語が天川村にいくつも残っている。いかにもそういう歴史のありそうな村のたたずまいであった。川合の宿屋で泊る。夕食の膳には、釣ってきたばかりという鮎がついた。

翌朝、二キロほど川上までトラックに乗った。車の行きどまりで、川は二つにわかれ、右手の川迫《こうせ》川へ入る道を辿り始める。流れを左下に見ながら登り、再び川のふちへ下ると、また川は二つにわかれて、右手が弥山川であった。初め白い石のごろごろしている河原を行く。水を他へ引いたのか、伏流になっているのか、全く水の流れがない。これを白河八丁と呼んでいる。

見上げると、高い尾根が空を劃していて、その上辺に、まるで森林の中から生え出たような岩壁が見える。門の形にそびえているのが奇勝双門岩だと教えられる。日のうちにそこまで登られるだろうか、と思うほどそれは高かった。

白河八丁を行き尽すと、そこから渓谷が始まった。滝がかかり、淵にはイワナの影が見えた。樹木の豊かな緑が美しい。オオヤマレンゲの真白でふくよかな花が現われ始めたのも、そのあたりからだった。谷筋は歩けないので、崖っぷちの岩につけられた桟道伝いである。桟道はていねいにしっかりとしつらえてあった。

一番立派な大滝は二段になって落ちていて、その中間へ滝見の道がついていた。そこまで登ってみる。涼気が身に沁む。滝だけは実際に接しないとその真価はわからない。私はいまだこれはと思う滝の写真を見たことがない。落ちる水の微妙な動きと、どうどうとあたりをゆすぶる響きを抜きにしては、滝は無い。

谷の眺めに気を取られているせいか、知らず知らずのうちに私たちの位置は高くなり、谷を離れて急な坂を登ると、双門岩へ立寄る道がわかれていた。荷物を道ばたにおいて見物に出かける。

大きな岩が二つ門柱のように立っていて、そのうえに冠木門のように別の大きな岩が載っかっている。そばへは近寄れない。ちょうどその門を透して向うの山が見える位置に、見物台の岩があった。双門の下は小暗く、そのあたりに無数のイワツバメが舞っていた。たしかに奇勝にちがいない。

ようやく渓谷を抜け出て、平らな沢になった。もう岩も滝も無く、桟道も無くなって、沢のへりの道を進むと、やがて狼平へ出た。二年前の春、よぎったところである。この前より水量はふえていた。朝の歩き始めからここまで約八百メートルの谷の登りで、大ぶ疲れていた。夕方の霧のかかってきた道を弥山小屋まで、更に四百メートル登らねばならなかった。

小屋で一夜をあかした翌朝は小雨であった。それぞれ雨具をつけて小屋を出発した。この道は私にとっては二度目であるが、今度は逆コースであるし、季節も違っていた。その違いの一番大きなおどろきは、溢れるばかりの緑の氾濫であった。この前は葉の落ちつくした木立の中を歩いたのに、今度は緑のトンネルであった。小雨混りの霧が立ちこめているため、眼にするのは、そのみずみずしい豊かな緑だけだった。
もう一つの楽しみは、コマドリの鳴き声、それは殆ど絶え間ないくらいに聞えた。こんなにコマドリの多い山をほかに知らない。昨夜の小屋でコマドリ捕りの男と泊りあわせたのもうなずけた。
行者還《ぎょうじゃがえり》の小屋は普請中であった。中へ入って濡れたものを乾かしながら弁当を食べおわると、ドヤドヤと白衣姿の行者の一団が、やはりズブ濡れで入ってきた。山上ヶ岳の方から来たという。それと入れ代りに私たちは立上った。
その小屋から行者還岳の脇を巻き、七曜岳、国見岳を越える道は長かった。大普賢岳を過ぎ、笙ノ窟に達した時には、私はすっかり音をあげた。笙ノ窟というのは大きな岩窟で、中央に不動明王が祀ってある。昔から有名な参籠の地で、新古今集にも「みたけの笙の岩屋にこもりてよめる」という前詞で、
寂莫《じゃくまく》の苔の岩戸のしづけきに涙の雨の降らぬ日ぞなき
その他、勅選和歌集に幾つかの歌が残っている。少し離れて鷲ノ窟というのもあった。ワサビ谷へ下って、伐採された広い斜面にある山小屋でその夜は泊った。

翌朝はゆっくりした。熊野街道へ出るのに一時間とかからなかった。そこでバスを待って、長い往還を下市へ引返した。

御来光と御来迎

暗いうちに登る。絶頂で日の出を見るためである。まだ闇の立ちこめている頂上に、寒さに身を縮めながら、大勢の人がうごめいている。やがて東の空がほんのり白んでくる。一個所だけが殊に明るい。そこから「一日の王」が上ってくるのである。人々の眼はそこに集まる。

一閃、光がたらたらと雲海の上を走ってくる。新しい太陽は静かに、しかし意外に速く、その円形をせりあげる。人々は固唾を飲んで見守る。完全な燃える円盤となって地を離れると、やっと群集はわれに返ったようにざわめきだす。いつの間にかあたりが明るくなって、今まで黒い影でしかなかった峰々が、競って名乗りをあげてくる。ちょっとした天地創造の気分である。

山を神聖視して登った昔の人は、これを御来光と呼んだ。今でも頂上に祠のある山では、一般登山者は御来光を拝むために夜をかけて登る。立山や白山のような高い山では、前日のうちに室堂まで行って待機し、未明に山頂へ登る。日の出と共に神主さんが朗々と祝詞《のりと》をあげる。そんな時、おのずから東へ向って手を合わさない者は、バチアタリメである。

富士山の夜明けは、八合目あたりから上は行列である。――たいどこからこんなに大勢の人が湧いたかと怪しむくらいの混雑である。みんな日本一の山から御来光を拝みたいのである。

木曽の御嶽でも、日が上ってからのこのこ登って行くような者は、殆どいなかった。出あうのはみんな御来光をすまして下ってくる人ばかりだった。

日の出がこんなに有難がられているのは、わが国の山だけかもしれない。国民感情の底に、そんな気持があるのだろう。先日の新聞に、自衛隊が富士山頂に大砲を引上げて、日の出に向って祝砲を打ったと出ていた。行きすぎである。日本の登山の伝統は、もっと敬虔で静粛であった。

御来光とよく混同されるものに御来迎がある。これは山頂かあるいはその近くで、眼の下の濃い霧の中に現われるもので、その霧に虹の円光が射し、その円の中央に自分の影が浮ぶ。

北ドイツのハルツ山群の最高峰ブロッケン山で観測されたので、西洋ではブロッケンの妖怪と呼ばれ、わが国でも若い人はそれにめぐりあうと「ブロッケン、ブロッケン」などと声を立てるが、信心深いわが国では昔から御来迎として尊んできた。霧に浮んだ影を、弥陀のお迎えと見たのだろう。

天気の様子で山頂に立っても御来光にあえると限らないが、御来迎の方はもっと稀である。だからたまたまそれに接すると、尚更有難味が増すのである。日本の山では、どんな自然現象もただ科学的に見るだけでなく、敬虔な気持に結びつける。いいことである。山に対する畏れを抱く者が、本当に山の美しさを知る。

私の長い山登りの経歴の間で、幾度もこの御来迎に出あった。白馬、光岳《てかり》、笠ヶ岳、いずれもその頂上で、見おろす霧の中に美しい虹の輪を認めた。輪の中の人物は、こちらが手をあげると向うも手をあげる。いつも背後から明りの射す午後か夕方であった。

一番印象に残っているのは、赤石岳の頂上から小赤石に下ってくる稜線上で、その片側を埋めた濃い霧に現われた御来迎であった。それが稜線を歩いている間じゅう続いた。私の安カメラのカラーフィルムにもはっきり写ったほど、鮮やかな御来迎だった。

一八六五年七月十四日、ウイムパーがマッターホルンに初登頂して下山の途中、ザイルが切れて同行の四人が谷へ墜落した。この不幸なアクシデントの直後、突然、空に大きな虹のアーチが現われて、その中に十字架が二つ並んで浮んだ。有名な話である。この不思議な幻影を、ウイムパーはあの世から現われたまぼろしのように思ったが、一種のブロッケン現象であったろうと解されている。

文政六年八月五日、北アルプスの笠ヶ岳の開拓を念願した播隆上人は、自ら先達となり同行十八人を率いてその頂上に達した。その時、御来迎が現われ、輪の中に阿弥陀仏が三度浮んだ。一同は随喜の涙をこぼしながらそれを奉拝した。

日本の話の方がさわやかでいい。

戦場ヶ原

戦場ヶ原と名乗るところは二つある。一つは、秩父の奥の栃本《とちもと》から十文字峠を越えて信州の梓山《あずさやま》へ下る道筋にあり、も一つは、日光の中禅寺湖から湯元へ行く途中に通る。両方とも私の好きな高原である。

戦場ヶ原と言っても、両方ともそこに戦争のあった歴史的事実はない。千丈ヶ原、つまり千丈もあるような広い原、それに戦場という字を宛てたのだろう。千丈ヶ原より戦場ヶ原の方が、名前としてはロマンチックである。人々は戦争が嫌いだと言っている癖に、荒城の月だの、古戦場だの、鎧冑《よろいかぶと》の姿などが好きなものである。

信州の戦場ヶ原は、むかし（明治の末）田部重治さんがそこを通られて、その美しさを文章に書かれてから有名になったと言っていいだろう。が、それから十七、八年たってもう一度行かれると、美しい濶葉樹の林がすっかり切られ焼きつくされて、元の面影は全くなくなった、と書かれている。しかし、それから更に四十年たって、二、三年前私が訪れた時には、木々は成長してみごとな濶葉樹林を取返していた。

信州の戦場ヶ原はまだ一般にはさほど知られていないのに反し、日光の戦場ヶ原はあまりに有名である。しかし、大ていの人はここを素通りして、この高原そのものに暇をかけて楽しむ人は少ないように思われる。

もし日光から戦場ヶ原を引いたら、その価値は半減するだろう。杉並木のある東照宮、それから馬返しを上って中禅寺湖、更にまた一段上って戦場ヶ原、こういう風景の変化が日光の生命である。

私は何度日光へ行ったかしれない。しかし、東照宮を見物したのは二回きりで、あとはひたすら奥の山へと足を急がせた。その二回も随分前のことである。一回は昭和五年老父が上京してきたのでそこへ案内した。私の二十代で、まだ一泊するほどの財政的余裕はなく、東照宮だけの日帰りであった。その次は昭和十四、五年だったろうか、今度は上京してきた老母を連れて行った。その頃は私のふところにも幾らかゆとりが出来たとみえて、結構なお宮を見物したあと湯元まで行って泊った。

私は両親の晩年の子であって、私が一人前になるまでに、すでに父も母も年老いていた。おそくまで心配をかけたこの老父母に、私がなした唯一の恩返しは日光見物であった。今でもあの時の父や母の無性に喜んだ顔が眼に浮ぶ。日光は親孝行の場である。

それ以外の私の数度の日光行はすべて山が目あてであった。電車を降りると、東照宮などに眼もくれず、一途に先へ進んだ。最初に行った時は、まだケーブルもなく、いろは坂の自動車の舗装道路もなかった。中禅寺湖畔には、むろん、今のような温泉の気配はなく、戦場ヶ原はもっと野性的であった。

しかし、古い話になると、信州の戦場ヶ原に田部重治さんがあったように、こちらの戦場ヶ原には武田久吉博士がある。博士の日光は古い。大正末年の戦場ヶ原は、博士の眼にはもう昔時の面影をとどめていなかったという。私が初めて訪れたのはその頃である。だから私は本然の原の姿を知らないことになる。しかしそれからまた四十数年たった。戦場ヶ原は更に堕落した。

変らないのは原の広さと、それを取巻く山々の姿だけで、原の男体側寄りの一部はすでにモザイク模様の畑になり、原を貫いて坦々たる近代的道路が走っている。以前は原の中央に印象的な三本松が立っていて、それを前景に眺めた山の姿が美しく記憶に残っているが、その松も（道路拡張のため？）伐り倒されて無い。三本松は現在地名として残っているだけである。

自動車道路がつくと、人は歩かなくなる。車が通るたび道ばたに立って、口にハンカチをあてねばならないようでは、歩く楽しみもないだろう。戦場ヶ原は、尾瀬のようにそれ自身を楽しむ原ではなくなって、中禅寺湖と湯元を結ぶ中間の拡がりにすぎなくなった。

尾瀬のような湿原であったなら、脇道へそれて逍遥のたのしみもあろうが、大地は埃っぽく乾いてしまっている。五万分の一の地図で見ると、戦場ヶ原の大部分に湿地帯のしるしがついている。昔はそうだったのだろう。乾燥化の進んだ現在では、赤沼という沼さえ地図上に名前が残っているだけである。

湿原らしいおもむきは、僅かに小田代ヶ原だけに残っている。この原は戦場ヶ原の西に、人眼をさけて静かに横たわっている。一般にオダシロと呼ばれているが、武田博士によるとコダシロが正しい。田代は湿地の意、戦場ヶ原の大湿地に対して小湿地の意であろうか。しかしここも昔に比べると随分乾燥したそうである。

いつか私は太郎山の上からこの原を眺めた。戦場ヶ原と森林帯で仕切られて、一段と高く、青い原があたかも別天地のようなさまで拡がっていた。私はそれに強く惹かれた。一ぺんそこへ行ってみたいと願っていたが、ようようその機会を得た。

先日（一九六一年七月初旬）私はI君に誘われて、東京から戦場ヶ原まで車を駆った。I君は野鳥に詳しい。その鳴き声を教わりたいのと小田代ヶ原訪問が目的であった。戦場ヶ原へ着いたのは、もう午後おそくになっていた。まず三本松で湯元へ行く道と別れて光徳沼の方へ行き、そこのロッジで泊ることになった。夕食後、野鳥の鳴き声を聞くために戦場ヶ原まで出てみた。朝から降ったりやんだりの天気で、雨雲が重く覆いかぶさっていたが、真の闇ではなく、どことなく仄明るいのは、雲の上に丸い月があるからに違いなかった。緑の匂いが強く、肺の隅々まで青く染まりそうである。暗くて眺めの楽しみがないので、鼻の感覚が鋭くなったのかもしれない。

戦場ヶ原へ出ようとする林の縁で、私たちは石に腰をおろして耳をすましたが、何も聞えない。空に一ヶ所隙間が出来て、そこに一つだけ星が光っていたが、一つだけではどの星座の星か確かめようもなかった。広々とした原が果てしもないように闇の中に溶けこみ、その先にぼんやりと黒く異様に大きく山が立っていた。

翌日私たちは小田代ヶ原を訪れた。戦場ヶ原の赤沼の近くからその原へ行く林道が通じていた。約二キロほどの道は、両側がおもに落葉松の林で、その黒い幹に混って、スイスイと白樺の幹が鮮やかだった。七月と言ってもここらはまだ新緑で、ブナやナラの若葉の色が快い。

低い山鼻を一つ越えると、山沿いの道になり、やがて林が切れて、右側に小田代ヶ原が現われた。期待通りの静かな原だった。片側は高い山、片側は樹林帯で、その間にひっそりとその美しい原があった。

朝からの雨が、その青々した草地に踏みこんだ頃、ようやく霽《は》れかけて、山にかかる霧の動きが、一そう原の景色に縹渺《ひょうびょう》としたおもむきを添えた。雨ツバメが山の辺をしきりに飛び群れていた。

ところどころ地面が黄色くみえるほど、ミヤマキンポウゲが咲いていた。アヤメかハナショウブか、そんな類も可憐な花をもたげていた。

「アカハラが鳴いていますよ」

I君が耳をすました。私はさっきからウグイスやカッコウは聞いていたが、I君は微かな鳴き声も逃さない。教えられて私も耳をすました。あ、あれがアカハラか。だがこの次には忘れてしまいそうである。

野鳥は深い森林の中よりも、森林の限界、つまりこういう原の際《きわ》でよく鳴くそうである。私たちは別の新しい声を待ったが、付近で蛙の大合唱がおこって、すべての音はそれに掻き消されてしまった。原の一部は足のもぐる湿地帯になっていて、そこの池沼にこの盛んなコーラス隊が住んでいるのである。

草地はどこでも自由に歩ける。まだ人に荒された跡は見あたらない。帰りかけようとすると、遠くに堤防のように続いた樹林帯の上に、太郎山、小真名子《こまなご》山、大真名子山、男体山等の日光連山が、濃い藍色で、晴れた夕空に姿を見せて、私たちの小田代ヶ原訪問の最後を飾ってくれた。

その夜は中禅寺湖畔の林の中にあるＮＨＫの寮に泊めてもらった。キョキョキョキョと強く鋭いヨタカの声と、ヒヨー、ヒヨーと寂しい陰気なトラツグミの声が、その夜よく聞えた。

文句三つ

文弱の徒

柔道・剣道が正課であった私の中学時代には、文学などに親しむのは文弱の徒であった。心身の鍛練が第一であった。武が文を圧していた。横暴なくらい圧していた。いま私はその時代をなつかしく振り返る。というのは、近ごろは文が増長してきた。物言わぬ武に対して、横暴なくらい増長してきたからである。

言論の自由が文明のしるしだとあまりに声高く叫ばれすぎた結果、軽薄な文がはびこってきた。昔なら竹刀《しない》で一のめしされそうな文弱の徒がはびこってきた。

昔は武に対抗するには、文にも勇気が必要であった。だから文にも骨があった。武が衰弱して、今日ではフワフワした文が大手を振って歩いている。

武はノー文句であった。実践だけがその力強い主張であった。実践のないチョコザイな文がわが物顔に振る舞っているのを見ると、私は昔の武の時代がなつかしくなる。

文武両道という言葉があったが、両方が拮抗《きっこう》して栄えるのが健全な社会であって、文が武の上に立つのは、武が文をおさえたのと同様、時代の衰弱である。

スポーツのいいところはノー文句にある。何も言わない。実践だけがすべてを語っている。りっぱな選手はツベコベ弁解しない。

アルプスにグラヴェンと呼ぶ名ガイドがいた。彼ほど山の好きな男はいなかった。彼の一生は登山に捧げられたようなものだった。ある人が彼に自伝を書くことを勧めたら、グラヴェンは一言で答えた。

「ピッケルはペンじゃありませんよ」

実践だけで充分である。何をクドクドと書く必要があろう。

イギリスにライアンという登山家がいた。彼はアルプスで多くの困難な新しいルートを初めて拓いた。しかし彼は記録を残さなかった。いま彼の肖像を得ることさえむずかしい。彼の輝かしい登攀のかずかずは、ただ第三者によって語られているのみである。

山へ登らず文章だけもてあそんでいるのは、窓の下でセレナーデを歌っただけで恋をしたと思っているようなものだ、と言った人がある。

登山は実践である。文字が実践以上にはびこるのは、登山家の衰弱である。もって自戒の言葉としたい。

大きな親切

山へ行って道ですれ違っても、知らん顔している人はなくなった。以前、登山者が少なかった頃には、学校の山岳部の連中などは一種の誇りをもって、他と出あってもあまり親しい口を利かないふうがあった。

この頃は猫も杓子も会いさえすれば「今日は」とか「ごくろうさん」とか声をかける。かけないと、山のエチケットに反するかのごとくである。私は登山者の多い山へは行かないことにしているが、ある夏、上高地から徳沢までの道で、山から戻ってくるおびただしい登山者にすれ違った。

ほとんど三十秒おきくらいに出あう。そのたび「今日は」「ごくろうさん」である。そういわなくては悪いからいっているだけで、言葉にまごころがこもっているわけではない。いっしょだった口の悪い友がこれにはウンザリして「どうだろう、胸に布をつけて、それにコンニチワと書いておいては……」

小さな親切運動というのがある。ちょっとした親切でも、お互いに心がけることによって世の中が明るくなる。私も賛成だが、いかにも都会の教養あるインテリの思いつきそうなことである。

都会の郊外などで道をきく。実に親切に教えてくれる。ところがドブにはまって苦労している。自分の着物を汚してまでも助けあげてくれる人はまれである。

田舎ではそんなことはない。田舎には上品な小さな親切はないが、実のある大きな親切がある。都会には個人主義が発達している。自分の個人領域がおかされぬ範囲でしか、親切を示さない。小さな親切運動とはうまく言ったものだ。

山へ行くのは都会の人が多い。彼等が小さな礼儀をよくわきまえていることは「今日は」「ごくろうさん」でもわかる。しかし大きな礼儀を知らない。いつか山からの帰り私は病気になった友をかかえて汽車にのった。満員である。みんなわざと見ぬふりをして、席をゆずってくれる者は誰もなかった。

小さな親切をして、それでもう親切は終ったものと思いがちである。山で必要なのは大きな親切である。いのちにかかわるような出来事が、山ではしばしばおこる。小さな親切は心得ているが、自分にわざわいがかかりそうだと逃げてしまう人が多い。

小さな親切ばかりはびこって、大きな親切の何と欠乏していることか！

先手必勝

あるイギリス人のヒマラヤ登山記を読んでいると、次のような条があった。

「私たち三人でザイルを結んで、急な雪の斜面を登りかけた。ちょうど私が先頭に立つ番になった。その日私は調子が悪くて、他の二人よりもずっと足がのろかった。ところが先頭に立つと急に元気が出てきて、ステップを切るのが楽しみにさえなってきた。かえってあとの二人が私より疲れてきたようにみえた。これは私に一種の満足と興奮が与えられたからだと思う」

山登りのエネルギーは、肉体の強健よりも、精神の緊張から生じる場合がしばしばある。一番よい方法は先頭に立つことである。自分がリードしているという誇りは、弱った身体に特別の活力を注入してくれる。登山では一番足の弱い者を先頭に立てよ、という教訓も、ここから生れたのだろう。

リードするということは、それほど有力な武器である。このごろは毎日のように野球のテレビを見ているが、解説者がしきりに先取得点を強調している。殊に全国高校野球などは先取得点のチームが必ず勝利を得るそうである。

プロ野球では技術が物を言って逆転勝ちもあるが、高校の大会では技術以上に精神の影響が大きいのであろう。

これはスポーツに限ったわけではない。人生一般にも通用する。自分が先に立っているという意識は、いつも刺激と誇りを呼んで、実力以上の力を発揮するものである。逆におくれをとると、精神が萎縮して、仕事に興味を失ってしまう場合さえある。

冬、仲間と一緒にスキーに行く。技術はみんな似たり寄ったりである。急なスロープの上に出る。しばらくみんな他をうかがうように顔を見合せている。そのとき真っ先にその急斜面を勇敢にすべった者が、きっと成功する。そのあとにつづく者は、先頭者ほどうまくいかない。気力において一歩おくれを取ったからである。

私たちはこれを「先手必勝」と呼んでいた。スキーでは天狗ぞろいだったから、急斜面へ出ると、先手必勝、先手必勝と叫びながら、先を争ってすべりおりたものであった。

日常生活でもときどき無気力になることがある。なにもかも人に任せたくなる。そんなとき自分に先手必勝と呼びかけて、緊張を取り返すことにしている。

奥大日岳

戦前よく立山へ出かけて、その後山に遠ざかっていた人が、思い立ってその旧恋の地を訪れたとする。その人の顔に浮ぶのは、失望というよりむしろ驚きだろう。全く変ったものである。立山はもう山ではなく観光地である。その花やかな賑わいから早く逃れたくなって、その人は、登山者の列をなす道を避け、弥陀ヶ原の旧道へ踏み出す。さすがこちらは人影も稀である。二ノ谷を横切り、一ノ谷を渡って、獅子ヶ鼻岩へ登る道などもうすっかり荒れて、踏み跡も定かでないくらいである。

しかしこれが昔の立山参詣の本道であって、私が初めて立山へ行った時辿ったのもこの道であった。四十年前まだ新道の出来ていなかった頃である。鼻の形に突き出たその巨岩の上へ出ると、そこから豊かな高原が拡がる。ところどころに池沼があり、高山植物が色とりどりに咲き溢れている。

孤独を取り戻した旧式登山家は、その美しい原に寝ころんで煙草をふかしながら、山を眺める楽しみを忘れないだろう。まず見逃せないのは、称名川の谷を距てて真正面に連なっている大日連峰である。それは鋭い峰とか厳めしい岩とかで、私たちを打ってくるのではない。ただ平凡に大きい。山のボリュームというものがジンジンこちらの胸にひびいてくる形である。

右手の、頂上の平らな大きな峰を奥大日岳、左手の、やや三角形をなした峰を前大日岳、と普通呼ばれている。冬、立山へ来たことのある人なら、この大日が一点のシミもなく純白になるのを知っていよう。これほど完全に雪に覆われる山も珍しい。

大日連峰は更に西へ延びて、早乙女《さおとめ》岳という優しい名を持つ山となり、小大日岳（俗称）となって、次第にその高さを減じつつ称名川に落ちるが、それはここからは見えない。

山の姿だけは昔に変らないのに満足した孤独の人は、それからその夜の宿を求めるために、再び混雑の中へ入らねばならない。地獄谷は静かだろう、なんて考えるのは時代錯誤である。乗越へ行っても、室堂へ行っても、一ノ越へ行っても、どの山小屋も満員である。

一昨年の夏、数年ぶりで立山へ登った私は、幸いにして、営業小屋ではなく、頂上の社務所に泊めて貰った。ここは雄山神社の神主さんだけの住居である。

明け方うとうとと夢を見ていて、その夢の中の音とばかり思っていたのが、実は入口の戸を叩く音だった。日の出を拝むために、もう下から登山者が上ってきたのである。神官の服装を着けた社務所の人のあとについて表へ出ると、まだ薄暗がりで、黒い影が続々と登ってくる。

完全無欠の日の出だった。雲海の上に見渡す限り山が並んでいた。日が上るにつれて、それらの山々は眠りから覚めたように、生色をおびてきた。頂上に群がった人々は、それぞれの方向へ散って行った。

私には四度目の雄山祠の登拝を済ましてから、別山の方へ向った。すがすがしい朝の尾根道を辿って行くと、後ろから、前から、大勢の登山者の往復で賑やかであった。乗越小屋でその立山の幹線道路を離れて、大日の方へ踏み入ると、これは又、さっきの行列はどこへやら、全く人を見ない。静けさに帰った私たち二人は、その素樸な山道を喜びながら歩いて行った。

奥大日岳は尾根の長い山で、その中腹を行って稜線の上に出、少し逆に引返すと、三角点のある頂上へ出る。朝はあんなによく晴れていたのに、下界を覆っていた雲海が次第に上ってきて、正午その頂上に立った時には、もう遠い眺めは隠されていた。何よりも私の期待していたのは、ここから望む剣岳の偉容であった。すぐ眼下に立山川の深い谷が食いこんでいる。その向うに鋭い剣の岩峰がそびえている筈である。私たちは頂上で弁当をたべながら、霧の晴れるのを待ったが、ついにその甲斐がなかった。しかし汚れのない静寂な山頂の三十分は、そこにただいるだけで充分に楽しかった。

同行の佐伯延一さんは芦峅《あしくら》の人で、立山のことには詳しかった。芦峅という名ももはや古典的になってしまったが、昔はそこが登山の根拠地であった。有名な立山ガイドの出身地であり、今でも信仰登山の名残りの坊家がたくさん残っている。佐伯さんの家は日光坊である。文芸評論家の佐伯彰一君もやはり芦峅の坊家の出身と聞いた。盛んな時には三十三坊もあって、その坊が各自檀那国を持っていた。例えば、日光坊は尾張、正栄坊は筑前、という風に担当がきまっていて、それが殆ど日本全国に亙っていた。そして諸国から参拝登山に来ると、その所属する坊に泊り、また各坊は農閑期の十月頃から翌年の四月頃にかけて受持ちの諸国の檀那廻りをして、立山のお札を売って歩いたそうである。

「越中の売薬の大もとは、芦峅の坊の檀那廻りから始まったのかもしれませんね」と佐伯さんは笑いながら言った。立山の歴史の古いことを示すものである。それほどこの山は昔から全国に有名だったのである。

前人未踏と思われていた剣岳に、明治末年測量隊が登った時、その頂上に錆びた錫杖の頭と槍の穂を発見したことは有名な話だが、佐伯さんも昭和五年に奥大日の頂上で剣とクサリの断片を見つけたそうである。それ以前にも大日岳で錫杖の頭の発見されたことがあって、それは平安朝末期のもので、重要文化財に指定されたという。

おそらく昔の修験者が剣岳登拝に採ったルートは、この大日連峰だったらしい、と佐伯さんは語った。富山平野から眺めると、この大日が立山の前面に堂々とした姿を現わしているので、立山信仰の源は大日崇拝から起ったのではないかとさえ言われている。そのことを思えば、ここにルートが開かれたのは当然あり得べきことだろう。前大日岳の頂から少し下った所に、カザエモン岩屋と呼ばれる、八畳くらいの広さの岩窟がある。やはり修験者の利用したものかもしれない。

奥大日岳の頂上の休憩の間に、そんな話をいろいろ佐伯さんから聞いた。それほど古い歴史を秘めているのに、大日は現在ではむしろ野性化して、立山・剣縦走路の人混みに食傷した私は、ここへ来て原始の山へ入ったようにホッとした思いであった。

夏の北アルプスは雑踏するが、それは幹線だけであって、一歩脇道へそれると、静かな所がいくらでもあるという例証の一つであった。

すばらしい雲

J'aime les nuages.....Les nuages qui passant.....là-bas.....là-bas
les merveilleux nuages!
（私は雲を愛す……過ぎ行く雲を……あそこに……すばらしい雲が！）

ボードレールの詩である。その一句を取ってフランソワーズ・サガンは《Les merveilleux nuages》『すばらしい雲』という題の小説を書いた。

しかし世界で一番すばらしい雲は、日本の山にあると思う。大陸の気象に揺すぶられる日本の空、南方の台風に襲われる日本の空、これほどはげしい変化に絶えず見舞われる日本の空にこそ、本当にすばらしい雲が生れるのである。

日本の山は美しい。森林も美しい。谷川も美しい。けれども生きている雲があるから、尚一層美しいのである。雲は雨となる。その雨が、山に豊かな樹木を繁らせ、その雨が、清冽な渓流を育《はぐ》くむ。日本は度々の暴風雨にいじめられているが、その代償に山川の美しさがある。自然の暴威がない代り、死ぬように退屈で単調な風景の国だったら、私は住みたくない。日本に生れたことを幸福に思う。

こんなに四季の変化に恵まれた国はない。私は一年を通じて山へ行くが、行くたび同じ景色だったことはない。山の風景は絶えず動いている。いろいろの雲にめぐりあう。しかもそれが、刻々と形を変え、色を移して行くさまは、どんな写生も撮影も追いつけない微妙なニュアンスを持っている。

雲霧のしばし百景を尽しけり

というのは富士山を詠んだ芭蕉の句だが、一点の雲もない快晴よりも、風景が生きるのは、雲や霧が千変万化の微妙さを演じてくれる時である。晴れた山はやがて見飽きてしまうが、雲は山を、時に雄大に、時に神秘に、時に優雅に見せてくれる。待ち望んだ山が、ふと雲が切れて、その隙に不意にチラリと現われた時など、何という嬉しさだろう。

日本の空の美しいのは、湿潤の度が高いからだろう。そこには絶えず変化がおこっている。雲、霧、靄、雹、霰など、雨カンムリのついた字が多いように、これほど気象に関する語彙の豊富な国は他にないかもしれない。雲にしても、繊細な鱗雲《うろこ》から豪快な入道雲に至るまで、いろいろの種類の形と色が空に現われる。

わだつみの豊旗雲《とよはたぐも》に入日さし今宵の月夜あきらけくこそ

豊旗雲とは言い得たり、こんな美しい言葉は、外国の文学にはあるまい。万葉以来、日本の詩歌に雲をうたったものがいかに多いことか。

昼の雲
舟のさまして動かざる
鹿島槍てふ
藍の山かな

これは三好達治の詩である。鹿島槍岳は私の大好きな山であって、その山を遠くから眺めるたびに、私はこの詩を口ずさむ。吊り尾根でつながれた姿のいい双耳峰の上に舟の形をした雲はいかにも似合わしい。おそらくこれは陽の明るい、何となく気だるいような晩春の鹿島槍であろう。

山が夏の装いになりかける頃、梅雨が来る。このうっとうしい季節を嘆くのは、都会の白いシンメトリーの壁の中にいるからで、山へ行ってこれほど情趣の深い景色に接する時はない。人は雨を厭って出渋るが、私は好んで梅雨の山へ行く。木々の緑はもくもく溢れるようで、それが雨雲の切れ目に隠見するさまは水墨画の傑作であって、得も言えぬ高等な風景である。

梅雨があがって夏が来る。豪快な雲の峰が、青空に湧きあがる。それが、一つ時も同じ姿ではない。城になったり、上り竜になったり、人の顔になったり。逃げて行く雲、千切れる雲、雲の中へ割りこんで行く雲、まるで雲の戦争ごっこのようである。

山上の最大の雲の饗宴は雲海であろう。普通地上では雲は仰ぐものだが、ここでは見おろす立場になる。眼下に敷きつめた雲は全く海のようで、その波間に、高い山々だけが島のように黒い頭を現わしている。波はその島の岸を洗い、入江に忍びこみ、やがて波の下へ覆われてしまう頭もある。

ある夏の終り、私は友と二人、北アルプスの尾根を歩いていた。朝、三俣蓮華の小屋を発って、鷲羽岳に登り、水晶岳に登り、野口五郎岳を越えて、三ッ岳の頂上を踏んだところだった。夕方近くになり、長い尾根歩きでかなり疲れていた。

その時眺めた雲を、今も私は忘れない。それはいつもの穏やかな雲海ではなかった。それは怒り、狂い、戦い合う雲の波濤であった。見渡す限り下界はすべて真白な波に埋められて、それがいま激しい勢いで動いていた。竜巻のようにもくもくと空へ巻き上って行くものもあれば、綿毛のようにフワフワと湧き出してくるものもある。それは互いに押しあい、揉みあい、ふくれたり、崩れたり、生命あるもののような活動であった。あれが気体だとは到底思えない実体的な充実感があった。

それは壮観であると同時に、深い静かさを湛えていた。夕は次第に迫って、荒れ狂う純白の雲のうねりは、うっすらと赤味を帯びてきて、その美しさは極みに達した。私たちは時も忘れ、疲れも忘れ、これから辿らねばならぬ烏帽子の小屋までの道のりも忘れて、ただ黙って見惚れていた。やがて歩き出した時には、その雲の海はもう暗やみにのまれようとしていた。ほんの一と時であったが、あんなすばらしい雲にはなかなかめぐりあえない。本当の美しい生きた雲の眺めは、山だけにある。

澄んだ空に刷いたようなシラス雲がかかる。羊の捲毛を散らしたような雲が、高い空に静かに拡がっているのを見ると、安定した翌日の天気が予約されたような気になる。

それと反対に不吉な雲もある。アンリ・ルソーの画にある大きい風船のような雲が、ポカンと一つ浮いているのは、山ではよい前兆ではない。笠雲も同様で、山の頂にふわりと綿帽子のように被さる。いつか秋のはじめ富士山へ行った時、その笠雲がかかっていた。しかもそれが途方もなく大きな妖怪のように、三段に重なっていた。果して翌日は雨だった。

テントかついで

山登りの初めと終りに温泉のつくのは、日本にだけある天の恵みである。私たちの出発点は雲母《きら》温泉であった。登山の一番盛んな真夏というのに、この温泉の客は私たちのほかにはいなかった。

幹線ばかり急行で走る人々にはあまり用のない米坂線、その小駅越後下関《えちごしもせき》からバスで二十分くらい、朝東京を発った私たち一家四人は夕方その温泉に着いた。途中新潟の藤島玄さんとそのお嬢さんが加わって、若い者同士は、さっそく親たちの知らぬ映画の話などに耽っている。

翌朝、温泉から杁差岳《えぶりさし》がピラミッドの形でよく見えた。この奇妙な名前を持つ山は、飯豊《いいで》連峰の一番北にあって、私たちはその山を手初めに連峰を縦走しようというプランである。飯豊連峰は今年新潟県の国民体育大会で山岳部門の山行地に選ばれたから、幾らか世に現われたかもしれない。新潟、山形、福島の三県にまたがるこの奥深い山は、戦前は昔からの一本の登拝路があるだけで、あとは殆ど未開の境で、凄い藪漕ぎか、残雪を踏んで行くよりほか道がなかった。

近年ようやく登山者がふえてきた。その開発には、この山と三十年も取組んできた藤島玄さんの努力をあげねばなるまい。玄さんによれば、ほかの山は「あんなものは山ではない」飯豊山ほどの山があるか、という愛着ぶりである。

雲母温泉からトラックに乗って最奥の大石部落まで行くと、そこにガイドの高橋千代吉君ともう一人の青年が待っていた。東京から持ってきたテントや食糧を運ぶには、この二人の背を借りねばならない。旧の盆で、千代吉君の家は里帰りの家族で賑わっていた。その庭で荷物を作り直して、部落をあとにした。

大石からその日の泊りの大熊小屋まで、異常の暑さだった。夏は登山は涼しいだろうと思うのは大間違いで、雪線以上の山のないわが国では、しぼるほど汗をかかねばならない。道は谷川を見おろす岸の高みについていたが、谷間だから風がない。おまけに十数本の支流を横切るので、そのたび上り下りがある。汗、汗、汗、……みんな水を浴びたように汗に濡れた。

一番後からおくれて歩いていた私は、汗にへこたれていたのだろう、道を踏み滑らせて谷側へ落ちようとした。とっさに右手で摑んだのが切刈であった。匐い上ったが掌の窪に溢れるほど血が噴いている。家内を呼び返して手頸を止血し、それから掌を上にして歩いた。私は傷口を見るのは大嫌いだから、軍手をはめたまま山旅を過したが、帰宅して恐る恐る見ると、十文字に裂けて肉が出ていた。数日は原稿を書かないですむ口実になったが、全癒するまでに一月以上かかった。

すっかり暑さにやられて夕方大熊小屋に着いた。自炊の山小屋である。四人の男は酒好きだから、まず持参の一升瓶が空いた。

翌朝、小屋を出発して間もなく、大熊沢を渡るところで、私が跳び越えた岩へ、すぐ後から中学三年の次男が跳んできて、私に衝突して跳ね返されて水に落ちた。寝袋など入っているから身体に似合わず大きなルックが浮子《ブイ》になって、その下で彼は必死に蛙泳ぎで岸に着いた。

助かったから大笑いになったが、落ちた刹那はドキンとした。まかり間違ったら、沢二ヶ淵《たくじ》と次男の名前がついたかもしれない。初め震えていたが、歩くうちに濡れ鼠は乾いた。

今日は急な登り一方で、相変らず汗をしぼった。一ノ峰を越え、二ノ峰を越えると、眼下に新六ノ池があった。残雪の裾から流れる冷たい水をガブガブ飲んで昼食。

池からすぐ上に杁差岳《えぶりさし》が悠揚とした姿で立っていた。その頂上までの大草原には、可憐なマツムシソウが地が紫に見えるほど咲いていた。

豊かな拡がりを持った優しい頂上で、新発田山岳会の人々に会って記念撮影をした。彼等は険しい谷を登ってきたのだが、まだ何人かが姿を見せないと案じていた。飯豊には、雪渓を登ってくると断崖にぶつかって、進退きわまる谷が幾つもあるそうである。

その晩は大石山と頼母木《たもぎ》山の鞍部で、ネマガリダケを刈り倒してテントを張った。私たち一家のテントは新調したばかり、使い初《ぞ》めである。そのすぐ横へ、入口を向い合せに、玄さんたち四人がまるで蚊帳みたいな手軽なテントを張った。寝ると背中がゴツゴツするのはネマガリダケの上だからである。

翌朝テントを出ると、すぐ眼の前に深い谷を距てて、昨日の杁差岳が貫禄でそびえていた。飯豊連峰の北の抑えにふさわしい、品のある威をそなえていた。いい天気である。その日は一日じゅう尾根歩きだった。高山植物に彩られた気持のいい原があちこちにある。牛に食わせたいほどエーデルワイスの咲き充ちている所もあった。頼母木山、地神山《じがみ》、扇の地紙、門内岳、と幾つも峰を越える。それらの頂上が一つとして同じではない。それぞれの個性を持っている。

峰は次から次へと現われてくる。それがただのピークではなく、皆いっぱし堂々たる風格をそなえている。そして深い谷がそれらの峰のあいだへ食いこんでいる。玄さんの自慢ももっともである。これが本当の山かもしれない。

北股岳《きたまた》を越えた十文字鞍部で弁当を食べ昼寝をした。それから梅花皮岳《かいらぎ》、烏帽子岳、その間にはひっそりした美しい池などもあって、天狗ノ庭と呼ぶ草地をテント場にした。ウイスキーを廻して夕食にしていると、月が上った。さすがセーターなしでは寒い。

翌日は御西岳《おにし》の一端に荷をおいて、最高峰の大日岳へ往復した。その途中のニッコウキスゲの大群落はみごとだった。頂上から更に奥へ行くと、大きな雪渓があって、雪の消え際から待ちかまえたように色とりどりの花が頭をもたげていた。雪の中に冷やした果物の罐詰を食べ終ると、二人の息子は韋駄天のように、来た道をすっ飛んで行った。

御西岳は峰というより厖大な原だった。途方もなく広い。高原散策の気分である。行手の飯豊本山が遙か彼方に見えたのが、次第に近寄って、やがてハイマツと岩石の間を登ると、その頂上だった。三角測量のヤグラが立っていて、その下に奉納の大きな錆びた剣がおいてあった。そのへんで私が穴あきの古銭を拾ったことが示すように、ここが昔から飯豊信仰登山の終局地点であった。

その参拝道を下って行くと、間もなく飯豊山神社があった。私たちは表口参道を逆に採ったことになるが、神社からの下り道には、御前坂《おんまえざか》だの、御秘所《おひしょ》だの、草履塚だの、信仰登山の盛んであった昔の由緒の名が残っていて、今まで歩いてきた原始的な飯豊連峰が人間臭くなってきた。しかし表口からはるばる登ってきた信者たちには、ここは雲上の世界であったのだろう。

夕方、切合《きりあわせ》小屋の下の崖の中途に僅かの平地を見つけてテントを張った。もう食糧が無くなっていた。実は出発地点でうんと買い込むつもりでいたのを、文化嫌いの玄さんは、米と味噌に限定してしまったのである。そのくせアルコールだけは充分に仕入れたので、それに不自由しなかったが、女子供は食べ物に困った。東京から持ってきた一本のハムが唯一の栄養源だったが、小口から切られる分がだんだん薄くなり、それも尽きた。切合小屋に罐詰でも売っているかとアテにしていたのに、何もなかった。

しかし最後の晩は陽気で、入口をくっつけて立てた二つのテントは一つの部屋になり、夜おそくまでいろんな歌をうたっていた。

四日間の晴天に恵まれ、最後の五日目もそれに続いた。種蒔山を経て三国岳、表口登山道はそこから一ノ木部落の方へ下るのだが、私たちはその夏切り開いたばかりで、まだ通った人は数えるほどしかないという新道を採った。これは牛ヶ岩山の背を伝って行くもので、飯豊のぬしの玄さんにも初めての踏査であった。

深いブナ林の中に道が通じている。幅広く切ってあるが、何しろまだ踏まれていないので、道は片傾ぎになっていて歩きにくかった。牛ヶ岩山の平らな頂上にさしかかると、林間に心地のいい草地が開けていて、神秘な池が静かな水をたたえていた。池のまわりにはモウセンゴケが小虫をつかんでいた。

「こんな美しい池に名前がなくちゃ」

みんなそれぞれ勝手な名を言った。

「お豊ヶ池はどうだろう」

お豊さんは玄さんのたった一人の愛嬢で、高校二年、勝気なサッパリした性質である。飯豊の一字を名前に貰って、親父さんの山行にはよくついて行く。

「お豊ヶ池とつける以上は、お豊さん、ひとつ泳いでみせなくちゃ」

翌年出た飯豊連峰の登山地図には、ちゃんとオ豊ヶ池と記されてあった。

それからの道は長かった。五段山から急な下りになって、あとはブナ林の尾根道になる。ブナの大木の白い斑《ふ》のある幹には、時々鉈《なた》で字が入れてあった。その古い痕《あと》から察して、よほど以前にここに道があったらしい。

谷地平と呼ぶ湿原のふちを行くと、お化けのような大きなミズバショウがのさばりかえっていた。初夏あの清楚な白い花を咲かせた植物の成れの果てとは思われない。

ようやく山道から抜け出たとたん、また平地の酷熱が襲ってきた。五枚沢という最奥部落までの道の暑かったこと！ しかしそれが苦労の納めであった。村の電話で呼んでもらったタクシーで到着した熱塩《あつしお》温泉は、古風なゆったりした宿で、疲れた手足にはあつい温泉が、ひもじい腹にはお膳に溢れる御馳走が、待っていた。

出羽三山

昔の人は足が速かった。足だけが交通機関だったから、歩き慣れていたせいもあるだろう。詩人といえば日本では病弱な体質が考えられがちだが、芭蕉などは相当たくましかったのではあるまいか。それを私は彼の歩きぶりから察しる。

『おくの細道』の旅程は門弟曽良の随行日記によって明らかにされたが、例えばその中の北陸海岸の旅である。七月十一日高田を発って、同十五日金沢に着くまでの五日間、連日十里の道を歩いている。私はそれを五万分の一の地図で計った。二日目の能生《う》から市振《いちぶり》までの間は、途中に親不知の険をふくんで優に十里以上ある。その翌日の市振から滑川《なめりかわ》までは更に長い。次の日の高岡までは暑さ極めて甚だしかったとある。

旧暦七月半ばは今の八月下旬にあたるそうだから、さぞ残暑がきびしかったであろう。それを冒して、毎日十里以上五日も歩き続けたとは、おそるべき体力である。一説によると芭蕉は越後で不快な印象を持ったというから、早くそこを離れたくて急いだのかもしれない。それにしてもこの足の強さは、「暑湿の労に神《しん》をなやまし」などという表現から読者が受けるような、哀れっぽい歩きぶりではない。

芭蕉をここへ持ち出したのは、これから書こうとする私の出羽三山に、『おくの細道』を援用したいからにほかならない。私が友と二人、鶴岡の駅へ降りたのは、八月半ばすぎの午後おそくであった。駅前から遙かな月山は濃い群青で、牛の背のようにゆったりと伸びていた。そしてその上に、

雲の峰いくつ崩れて月の山

私たちの仰いだ月山にも本当に雲の峰が立っていた。

芭蕉は旧暦六月三日新庄を発って、舟で最上川を下り清川に上陸、そこから歩いて狩川を経て羽黒山の南谷へ暗くなってから着いた。文明の世の私たちは鶴岡からバスで約五十分、羽黒山麓の手向《とうげ》まで運ばれた。ここには全国各地からの参拝者のための宿坊が並んでおり、境内に入ると出羽三山の総社務所があった。

出羽三山とは羽黒山、月山、湯殿山を言い、奈良朝時代崇峻天皇の第一皇子蜂子皇子の開山と伝えられる。中古修験道が起るとこの三山を修行の道場とし、羽黒山伏の

名が高くなった。彼等は全国に出かけて信仰を拡めたので、三山登拝の風が大いに起った。私たちも古例に従ってその順路を辿ろうというのである。

祓川《はらい》の神橋を渡って、杉並木の石段にかかった時には、もう日はとっぷり暮れていた。夜目にもみごとな天を突く杉の大木であった。その間を一段ずつ登って行くと、不意にキョキョキョキョと夜鷹が鳴いた。それがあたりの森閑を一層深めた。

石段は、一の坂、二の坂、三の坂と続き、二の坂を登った所で私たちは汗を拭いながら一休みした。二千五百段とかあるというこの石坂もみごとである。羽黒山中興の天宥法印の造営と聞いた。三の坂へかかる所から右へそれると、芭蕉の泊った南谷の別院の跡がある由。彼はそこへ着いた翌日、俳諧興行をひらいている。

有難や雪をかほらす南谷

私たちは坂を登りきった所にある斎館に泊めて貰った。古い大きな建物である。勅使の間の隣りの十五畳に二人だけの床を並べた。

翌朝、まず私を喜ばせたのは、緑の庄内平野を距てて彼方に、姿の凛々しい鳥海山を眺めたことであった。鳥海と月山、一つは颯爽と、一つは悠然と、相対して平野を見おろす、古い時代からの奥羽の名山である。

その日の午前を羽黒山の見物に費やした。山とはいうものの四〇〇メートルほどの丘陵にすぎない。そこに三神合祭殿と称する大屋根の立派な社殿があり、中は参詣人で充ち、大神楽があがっていた。付近にはいろいろ見るものが多かったが、私には荒沢寺までの静かな裏道が、いかにも古い昔を偲ばせるおもむきで、気に入った。

そこから月山行のバスが出る。芭蕉は六月六日（陽暦七月二十一日）南谷から月山へ登った。「木綿《ゆう》しめ身に引きかけ、宝冠に頭を包み、強力《ごうりき》という者に導かれて、雲霧山気の中に氷雪を踏んで登ること八里、さらに日月行道の雲関に入るかとあやしまれ、息絶え身こごえて、頂上に至れば日没して月顕わる。笹を敷き、篠を枕として、臥して明くるを待つ」と『おくの細道』にある。

南谷は三五〇メートル、月山頂上は一九八四メートルであるから、一日で一六〇〇余メートルの登りは、相当えらかったに違いない。しかし彼の健脚ぶりは冒頭に述べた通り。とうてい病詩人のわざとは考えられない。昔の文人で二〇〇〇メートルに近い山に登った紀行は珍しいのである。

おぞましくも末世の代に生れた私たちには登山バスがあった。俳聖が汗して登った道を、私たちは六合目の手前二〇〇〇メートルの地点まで居ながらにして達した。そこから歩き始める。途中何合目ごとにある小屋はいずれも「笹を敷き篠を枕とする」ような笹小屋である。

七合目から八合目までを、私たちはまだ大きく残雪のある斜面に道を採った。側の崖には、日光キスゲの黄色が帯のように咲き拡がっていた。雪の消えかけたあたりにはヒナザクラの可憐な花も見えた。

八合目で元の道に合すると、そこから弥陀ヶ原が始まる。もう高山地帯の様相で、高山植物の咲き溢れた草地のあちこちに、小さな池塘が美しい。仏生池とか、行者返しとか、普陀落とか、信仰の山らしい名前が方々に残っている。

頂上の一等三角点は細長い尾根の一端で、エーデルワイスが咲いていた。あいにく曇って眺望はなかった。最高点から僅か下に、石畳を敷き、石垣で囲んだ月山神社がある。聖域であるから、穿き物をぬいで参拝する。そばに参籠者のための石室もあった。神官の林正近氏は教養の豊かな人で、私たちはいろいろ珍しい話を聞いた。

神社は月読命を祀る。月山の名はそこから来ているが、庄内の平野から見ると、この山は月が半輪を空に現わしたような優しい姿をしている。由緒の古いことではわが国有数の山で、すでに貞観六年（八六四年）に月山神の叙位が国史に現われている。

私たちは頂上から少し下った所の鍛冶小屋にその夜は泊った。細道に「谷の傍らに鍛冶小屋という。この国の鍛冶、霊水を撰びてここに潔斎して剣を打ち、ついに月山と銘を切って世に賞せらる」とある、その小屋と同じ場所であろうか。

翌朝は絶好の快晴であった。私たちは再び頂上へ登り直した。視界の利かなかった昨日とうって変って、眼の前には広々とした高原が横たわっていた。平野から眺めて月山がゆるやかに伸びた山容である通り、頂上付近はあちこちに大きな斜面が傾いている。南へ向って思いきり伸びた緩い原を、私たちは高山植物をたずねたり、周囲の展望に眼を楽しませながら、さまよい歩いた。岩と花に敷きつめられた間に、ところどころ小さな池が光っている。

眺めは申し分なかった。鳥海はもちろん、蔵王も朝日も四顧の中にあった。何よりこの広潤な頂上の大高原、こんな雄大な頂上はほかにないだろう。

芭蕉は頂上の小屋で一夜をあかした後、「日出でて雲消ゆれば湯殿に下る」湯殿山は三山の奥の院と言われ、約九百メートルの下りである。彼は湯殿に参拝してから再び月山へ登り返し、その日のうちに南谷まで帰ったというから、これもなかなかの強行である。曽良の日記に「暮れに及んで南谷に帰る。甚だ疲る」とあるのも当然だろう。

湯殿山というものの、これも山ではなく、谷川の大きな岩から湯が滾々《こんこん》と噴き出していて、そこに神社が祀ってある場所を言うのである。その岩を霊岩とし、その湯を霊湯とし、それが御神体であって、本殿も拝殿もない。羽黒山で入峰修行し、月山に登って艱難に堪え、その功徳で湯殿山へ下って即身成仏する、即ち生きながら仏になるお山であるから、人工の社殿を設けないという思想だそうである。

「惣じてこの山中の微細、行者の法式として他言することを禁ず。よって筆をとどめて記さず」と芭蕉は書いている。

語られぬ湯殿にぬらす袂かな

他言を許されぬ湯殿山の神秘にふれて、その有難さに感涙で袂を濡らした、という意である。

しかし信仰者よりは観光客で賑わうようになった今日では、湯を噴いている岩も、そのあたりも、どこか通俗的で、私には昔の有難さがさほど感じられなかった。おそらくそれは交通の便が開けて、はるばる奥の院まで辿りついたという実感が無いせいもあろう。

現に私たちは月山へ登り返す必要はなかった。湯殿から四キロと下らないうちに湯殿山ホテルがあり、そこがバスの発着所となっていた。

もしバスがなかったら、ここからの帰りは大変である。六十里越街道と呼ばれた長い道で、バスに乗ってさえ山形へ三時間、鶴岡へは二時間半もかかる。私たちは鶴岡へ出た。道は深い山の中にうねうねと続いていた。途中素樸な萱屋根を持った家々が山腹に散在しているのが見えた。緑の濃い山に、その特徴のある萱屋根の大きな三階建が、いかにも調和して美しかった。これが田麦俣の集落で、その古いおもかげは、民俗学者の注目するところとなっているそうである。

瀟洒なる自然

外国の旅行記や登山記を読んでも、紅葉の美しさをたたえた文章にはあまり出会わないようである。日本の秋の紀行文と言えば、大てい紅葉が描写される。外国には日本のような見事な紅葉が無いのであろう。

私の知っている外国の秋はもとの満州と中国だけだが、そこには感に堪えないような紅葉の景色はなかった。もちろん木々の葉は赤みを帯びてくるが、それが単調で、日本の紅葉のようなとりどりの色がない。木の種類が豊富でないからである。

志賀重昂の風景論によると、イギリスの自然描写の大家ウォーズウァースやスコットは自国の秋を自慢するが、日本の秋には遙かにかなわない。かの国にはかえで類が無いからだという。日本にはそれが十八種もあって一せいに紅葉する。また海外の人は北アメリカの森林やドイツの山中のかしわ類の黄葉を賞揚するが、その種類は極めて少ないので、十七種もある日本の黄葉に比べると問題にならない。「宜べなり、欧米の秋色を謂う者、一たび日本の秋を看るや、忽ちにして憮然自失する。」

志賀重昂は日本の風景が世界に冠絶する特色の一つとして「瀟洒」ということを挙げている。そしてその瀟洒は特に秋の紅葉黄葉にあるという。瀟洒は繊細にも通じるであろう。全く日本の風景はデリケートである。

景観の大きさや凄さでは、日本がとうてい敵わない所は、外国にはいくらでもあるだろう。ヒマラヤの氷雪の峰の高さと凄さに私はおどろいた。その荒々しい氷河や懸崖は私の胆を寒からしめたが、そこには全く瀟洒はなかった。ヒマラヤから帰って私はますます日本の山が好きになった。清冽な水の流れている谷川、そのせせらぎの上に枝を伸べて、一枚一枚丹念に並べたような紅葉。それは心に沁み入るような美しさである。

中国の湖南省で大湿原に出あった。それは広さから言えば尾瀬など比べものにならないほど、果てしなく続いていた。しかしそこには尾瀬のようなキメの細かさはなかった。荒っぽくてザツで、ただ広いだけである。

同じことが、私はまだ見たことがないが、ナイヤガラの瀑布でもイエローストーン公園でも言えるのではなかろうか。巨大な木の幹をくり抜いてそこを自動車が通りぬけるなんていう名所は、日本人の性にあわない。

戦争で私は中国の農村山村を渡り歩いた。遠くに大きな廟が見える。実に大きい。そしてそれが大まかな風景とうまく釣りあっている。近づいてみると、その建物は屋根でも塀でもひどくザツで、赤や青でケバケバしく塗りたくられている。周囲の自然が単調だから、ドギツイ原色も似あうのであろう。そんな時私はしきりにキメの細かな自然の中につつましく立った奈良の二月堂や三月堂の繊細な美しさを恋うた。

人工営造物はまわりの自然と調和してこそ美しい。スフィンクスは背景に広大な砂漠を持っている。東海道線の大船駅を通るごとに、私は丘の上に大きな上体を現わした仏像に眉をしかめる。彫刻のうんぬんではない。景色のブチコワシである。そんな例が、土木建設業の発達した今日、至るところに見あたる。

小林秀雄君に「天の橋立」と題するおもしろい文章があった。彼がずっと以前宮津で泊った時、キンタル鰯という世界一うまいのではないかと思われるサーディンをたべた。次に来てみるとそれが無かった。獲れなくなったのだという。天の橋立には大規模なヘルス・センターができかかり、対岸までケーブルが吊られようとしている。天の橋立は日本三景のうちでも最も繊細な造化である。キンタル鰯を抱き育ててきた母親の腕のようなものだ、とても大袈裟な観光施設などに堪えられる身体ではない。橋立は何となく元気のない様子に見えた、というのである。キンタル鰯が育たなくなったのも当然である。

小林君も言う通り、わが国で昔から名勝と言われているものは、どれを見ても、まことに細かなできである。その細かなできに調和してこそ建造物も生きてくる。渓流は日本の美しい風景の一つの代表である。紅葉が谷川のふちで特に鮮やかなのは、何か微妙な自然の影響によるものだろう。温泉の湧くのも多くは谷川である。そこで二つが結びついて、秋の旅というと「紅葉の温泉」となる。

その温泉宿が近頃あたりの景色を顧みずむやみと大きくなった。デリケートな紅葉と鉄筋コンクリートとでは釣りあわない。渓谷は上流のダムですっかり去勢され、そのヨタヨタした流れが、脇に立つ大廈高楼に圧倒されては、もう「紅葉の温泉」どころではなくなった。昔の「何々屋」が「何々旅館」となるまではまだよかった。それが「何々荘」となり、「何々苑」となり、「何々閣」となるに至っては、もはや言語道断である。繊細な日本の自然がこんなものに対抗できるわけがない。もっともお客の方でも、風景などはどうでもよく、バーとダンスと麻雀で過す者がふえてきたのかもしれない。

私は山が好きだから、どうしたって高山の紅葉に惹かれるが、あの美しい色に比べると、都人が雑踏する平地の紅葉の名所など、あれでも紅葉かいなと言いたい。第一、色のあざやかさが違う。葉緑素を刺激する空気が違うのだろう。その代り高山地帯では紅葉の期間が短い。一と霜おりると駄目になる。

紅葉は年によっても違う。急激な気候の変化と、湿度の多い年には概して美しく、緩慢な気温の変化と、乾燥した風の多い年には、あまり見栄えがしないと言われている。この条件をもってしても山深い渓谷の紅葉は、平地のそれよりも美しいことがわかる。

一番早く赤くなるのは高山地帯のクマコケモモやチングルマで、まるで錦の絨氈を敷いたようにあざやかである。そこから下ると、ナラやブナやカシワなどの槲類がある。これは紅葉というより黄葉であって、鮮烈ではないが、代赭を主調とした一種渋い色彩でみごとである。更に下ではかえで類が多くなり、これはその軟らかな大きい葉が真赤に染まって、燃えるような美しさである。

私はこれまでに多くの山の紅葉を見てきた。山の奥深くへ入ると、あまり人に知られていない鄙《ひな》びた温泉があった。それらの湯は大てい夏期に近在のお百姓の骨休めで賑わう自炊宿で、秋の穫り入れ時になるとひっそりする。中には宿を閉じて里へ降りようとするところに行きあったこともあるが、そういう際には一層歓待を受けた。

近年は観光業が発達して、そういう山深い温泉へまで道路が敷かれ、バスが通うようになり、素樸な宿が妙に都会じみた作りに変えられようとしている。昔私たちが二日も三日もかかって到達した山の湯が、今は数時間で行かれるようになった所も少なくない。

便利になったのはいいが、それと同時に山の湯らしい味わいはなくなった。お世辞は下手だが親切な宿の主人の代りに、擦れた番頭が出迎えるようになり、採れたての茸や栗のおいてあった玄関の土間が、絵葉書やコケシを売る店に変ってきた。全国どこでも一様化しつつある。旅情という言葉も次第に日本から消えて行くであろう。

信濃川

戦後十年間郷里で暮してから東京に帰った時、私は物珍しさに毎日あてもなく付近を散歩した。時には郊外の方へ四キロも六キロも足を伸ばしてみることもあった。裏日本と呼ばれる私の郷里とは反対に、景色が明るく、いくらか軽薄に思われたが、知らない道をブラブラ歩き廻るのはおもしろかった。

この散歩に一つ物足りないのは、川のないことだった。私の住んでいた金沢では、家を出るとすぐ川のふちへ出た。浅野川というきれいな流れである。泉鏡花の「滝の白糸」に出てくる橋が、すぐ上手にかかっていた。私はこよなくこの川を愛した。

旅に出て、どんな見知らぬ土地を訪れても、橋の欄干にもたれて川の流れを見おろし、それから眼をあげて上流の山を眺める時ほど、旅愁をそそるものはない。東京にはそれがなかった。

どこの都市へ行っても、その町を一本の川が貫いていないような所はあるまい。いや、川があって、そのまわりに都市が成長したといった方が正しかろう。金沢にはその川が二本もあった。町の中央に台地が延びていて、その両側に川が流れているのである。一つは犀川と呼び、室生犀星はそのほとりに育ったから、自ら犀星と号した。もう一つは浅野川で、泉鏡花や徳田秋声がその近くで生れた。

金沢の古老にいわせると、犀川べりと浅野川べりとでは、そこに住む人の性質や持ち味に差異があるという。二つの川の持つ雰囲気が、人間にまで影響をおよぼすのである。セミ・エトランゼであった私などには、そういうデリケートな点はわからなかったが、二つの川がそれぞれ別の趣をそなえていることは確かだった。一つは開豁で、近代的で、油絵的であるに反し、一つは陰影にとんで、古風で、日本画的であった。自然は決して似たものを二つは作らない。

風景が人間におよぼす影響を、私は感傷的に誇張したくはないが、しかしそれを唯物的に無視することには反対である。パリの近くにアルプスのような高い山があったら、パリの文学はもっと美しくなっただろう、と嘆いたのはスタンダールであった。セーヌ川がなかったら、もうパリの芸術はあるまい。

パリのセーヌ川、ロンドンのテムズ川、レニングラードのネヴァ川、ウィーンのドナウ川、と数えあげると、東京の隅田川ということになるのだが、明治の墨堤あるいは大川端時代はいざ知らず、現代の隅田川は東京の情緒にプラスする何ものでもなくなった。この川は東京の町に入るまでの工場地帯であまりに汚れすぎた。

川の無い東京はわびしい。多摩川があるというかもしれないが、町の川とするには野生児すぎる。もう少し人中にもまれてコクを帯びないことには、情緒的な効果をあげるにいたらない。鴨川が京都の生命となっているのにくらべてみるがいい。

日本で川の多いのは、越中と信州である。越中には、庄川、神通川、常願寺川、早月川、黒部川などあって、日本海に流れこんでいる。よく川は人の生涯にたとえられる。山頂に近い源流の一滴から生誕して、沢となり　渓谷となり、野に出で、町を通り、紆余曲折をたどって、ついに海へ注ぐ。大きな川の河口はどこか巨人の晩年に似ている。あらゆる善悪を飲み、あらゆる喜怒哀楽を知りつくした人間の悠々たる最期を思わせる。

信州には、木曽川、天竜川、千曲川、姫川などあって、それらの川の流域には、それぞれの川の性格を反映した文化が発達したように、私は感じている。深い山間を流れる川のほとりに住む木曽の人と、広々した川中島のあたりに住む人との間に、何やらニュアンスの差異があるように感じ取る。伊那の盆地を流れる天竜川の人々には、また別のおもむきがある。そこが信州のおもしろいところである。

信州はそれらの川の生誕地であり、発育地である。私は山登りが好きであるから、それらの源流をほとんど知っている。信濃川は日本一の大河であるが、その呱々の声をあげるのは、秩父の奥山である。その源流が幾多の細流を集めて、次第に成長してゆく揺籃時代を知っている。小諸なる古城のほとりを過ぎ、越後と甲斐の両武将が戦った古戦場を経て、千曲川が信濃川と改名するまでの青壮年時代も知っている。

それからその川へ流れ入る犀川、その犀川の上流をなす高瀬川と梓川の清流も知っている。それらの支流もふくめて、私はかつて信濃川の発生から終末までを書いてみようと志したことがあった。川の一生も人間の一生に似て、幾多の波瀾興亡をその流れを通して見ることが出来そうであった。

登山小感

カメラ氾濫

以前私は写真に熱中したことがあったが、戦争末期にカメラや引伸機その他をなくして以来、全くやめている。面倒くさがりで無器用な私がカメラを手にしたというのも、もともとは山を撮りたいためであった。芸術的に、ではなく、素樸実在論的に、自分の登った山の写映を残しておきたいからであった。

戦後、写真はやめたが、山登りは続けている。カメラを持たない登山の、何と心安らかなことか。見晴らしのいい所へ着いても、もうどこを撮ろうかとウロチョロすることがない。残り少なになったフィルムの枚数を勘定して、気もそぞろになることもない。愛機を置き忘れて、真っ青になることもない。要するに、カメラの有用性を犠牲にしても、のんびりした山歩きを楽しみたいというのが、ノンシャランな初老登山家の願いであった。

近ごろ山へ行く人の九十パーセントはカメラを持っている。ちょっとでも景色のいい所へ来ると、まるで撮影会のような有様である。

数年前、十和田湖へ行った。見物をすまして、秋田の方へ抜けるバスに乗る。発荷《はっか》峠からふり返った十和田湖の眺めは、実に雄大で秀麗、これが湖の見納めであった。このすばらしい大観を乗客に与えるため、バスは峠の上で五分間停車する。おどろいたことには、乗客のほとんど全部がバスを飛び出すや否や、その風景を堪能するにあらず、血まなこのカメラの放列であった。自分の肉眼より、カメラに美的観賞力があるかのごとくである。何というおそるべき流行！　むしろカメラ禍とも言うべきガメツイ撮影欲がそこにあった。

こういう現象を見て、ある皮肉好きの友人いわく、そのうち山の指導標同様、「この所撮影に好適」という札が立つかもしれないね。そしてその下に、「晴天、SS、しぼり16、シャッター一〇〇」などと書き加えられるかもしれないね。冗談ではない。全くそうもなりかねないカメラの氾濫である。

記念のため撮っておこうという気持はわかるが、絵葉書でも売っている風景に、なぜそうアクセクとカメラを向けるのだろう。おそらくそんな人には山の印象は希薄に違いない。寸時の休憩にもカメラの操作に忙しくては、風景が心に残る暇がない。むしろ私はカメラ無しの登山を勧める。

近ごろまた小型ラジオを山に持って行く人がふえた。数日にわたる山旅や合宿で、天気予報を聞くためならよろしい。ではなくて一、二日ぐらいの山登りで、野球の放送や流行歌を鳴らしているのは、がまんできない。

昨年の秋、夕方おそくなって赤石小屋へ着くと、先着のパーティがジャズを鳴らしていた。私たちはすぐやめてもらった。個人の自由の侵害ではない。そんな所でうるさい音を立てるのが間違っている。

登山の楽しみの一つに、少しでも文明から離れたい気持がある。せっかく静かな山中へ来て、なぜそんなに下界の音が聞きたいのか、うなずきかねる。

勝負以前

ある音楽好きの友人の説によると、演奏会へ行く楽しみは、開始前にあるそうだ。幕の裏で楽器の調子を合わす音が聞えてくる。聴衆の期待はしだいに盛りあがってくる。そういう熱した空気の中に、あらかじめ身をおいてこそ、本当に音楽に魅了されるという。それは自宅のソファにいて、名演奏家の名レコードを聴く以上に、音楽の値打がわかるそうである。

そう言えば野球なども同様である。本当の野球ファンは試合前のフリー・バッティングやシート・ノックから見なければ、気がすまない。開始のサイレンが鳴る。それまでにもう充分に、試合の面白さを受け入れる用意が、心の中に出来ているのである。ところがラジオやテレビではいきなり試合から始まる。得点争いだけしかわれわれに見せてくれない。

相撲通は、朝の取的の勝負から見るのが、面白いのだそうである。サジキの上等席は中入まではガラガラで、そんなサジキに来る人は、みな仕事に忙しくて、幕内有名力士の勝負だけを見にくるのだろう。

世の中がだんだんせわしくセセコマシクなって、人々はただ勝負そのものだけに興味を持ち、勝負以前の空気に身を浸すことの楽しさを知らなくなるだろう。そのうち勝負の結果を知るだけで沢山、ということになるかもしれぬ。

先日、日本山岳会の小集会で、山岳会の長老、武田久吉、冠松次郎、高野鷹蔵の三氏を招いて、山の今昔談を聞いたが、まことに面白かった。冠さんの話の中にこんなことがあった。昔は山へ登るのに、その麓までテクテク歩いたものである。それが実に楽しかった。目的の山が遠くに隠見するのを眺めながら、心をときめかせて山へ近づいて行く、その楽しさは、山に取りかかってからの楽しさに、決して劣らなかった。今の人はバスで直ちに山麓まで運ばれてしまうから、その道中の楽しさを知らない。

つまり今の登山者は、山登りという一種の勝負にしか関心がなく、それまでの道中などは無駄なものとしか見えないのだろう。

幸いに私が登山を始めた頃は、まだバスが全くなかったから、冠さんの話の「山へ近づくまでの楽しさ」を味わうことが出来た。秩父へ入るには甲府や塩山から歩かねばならなかったし、上越の山へ行くにも沼田までしか汽車がなく、そこから歩いた。そういう登山の前奏曲があったから、登山の楽しさが一そう増大したと言っていいだろう。

バスがむやみに発達した今日では、バスのホコリをかぶって歩くバカはいなくなった。私もそうである。時間や労力の倹約にはなったが、しかし物足りない。便利になったのを有難いとは思わない。バスがなければ歩くだろう。その方がよかったのだ。

ヒマラヤでは山麓に達するまでに、大てい十日以上のキャラヴァンを必要とする。このキャラヴァンが登山同様楽しいものであることを、前から本で読んで知っていたが、昨年私は本当にその楽しさを経験することが出来た。

伊勢街道の高見山

高見山は、奈良・三重の県ざかいを走る台高山脈の一番北にあって、標高は一二五〇メートルに過ぎないが、古くから有名な山である。神武天皇東征の時この山の上に立たれたと言われている。また蘇我入鹿が中大兄王子に誅された時、その首が飛んでこの山上に坐ったという伝説もある。本居宣長にあちこちの山を詠んだ歌が多いが、ここにもある。

白雲に峰はかくれて高見山見えぬ紅葉の色ぞゆかしき
高見山谷より登る白雲の八重ふみわけて今日ぞ越え行く

私と銀行頭取の加和さんは、三重側から奈良側へ山を越えて、吉野川上流の柏木に出たところだった。日にちに余裕があったので、もう一と山、大峰山の山上ヶ岳に登ろうとしたが、山の上の宿坊はもう閉鎖されたと聞いて、地図で他の山を探した末、高見山にした。そこで柏木からバスで国栖《くず》まで下り、そこでバスを乗換えて伊勢街道に入り、終点杉谷部落の手前の川でおりた時は、短い秋の日はもう大ぶ傾いていた。その途中、木津峠という小さな峠をトンネルで抜けたが、その出口から東の空に鋭い美しいピラミッドの峰が見えた。それが高見山であると感づいた時、私たち二人は思わず喜びの声をあげた。その夜は川の出合いを見おろす宿に泊った。

翌朝は快晴、私たちは八時に自動車を頼んで高見山へ向った。伊勢街道はここから高見峠を越えて松阪市に通じている。昔大和の方からお伊勢参りをするのに通った古い街道で、今は新しい広い道がつけられている。新道は車が走れるように迂回しながら、緩く次第に上っている。峠へ近づくと眼前に高見山が現われた。もう昨日見たような尖峰ではなく、ゆったりと大きな山容に変っていた。それが殆ど全山美しい紅葉に装われている。

新道の高見峠へ着き、そこへ車を待たせて私たちは高見山に取りかかった。運転手も一緒についてきた。ちょっと上ると旧道の峠があって、もう磨滅して文字も読めないような古い石碑の立っているのも、いかにも歴史的な峠らしかった。

高見山はその峠から急な斜面をジグザグの登りで一時間くらいだった。中腹から上は丈の低い灌木叢で、道端に咲きおくれのナデシコが可憐な花をつづっていた。
頂上には、山の上としては立派な小祠が立っていた。神武天皇大和平定の時誘導したという八咫《やた》烏建角身命《からすたけつぬみのみこと》が祀ってある。眺望はすばらしかった。伊勢方面は山が重なりあって、その中の目立った山の名を幾つも私は加和さんから教わった。この銀行家がそんなに山の名に委しいのは、忙しい本業の傍ら、暇を見ては伊勢の山々に登っているからであった。南には台高山脈の国見山、白倉山などが続く。ずっと彼方に大峰山の連なりも見えた。

小春日の頂上で、一時間ほど眺めを楽しみながら弁当を食べてから、車の待っている峠へ引返した。伊勢側の波瀬《はぜ》まで下るとまだ正午すぎたばかり。そこから松阪行のバスに乗った。松阪へ出るまで、櫛田川沿いの山間の道は長かった。しかしバスの窓から、長い峰を持った三峰《みうね》山とか、美しい尖峰の局《つぼね》ヶ岳とか、白猪山とか、烏岳とか、色々の山を教わることで、私は退屈しなかった。

三時間の後、町通りが狭いだけにひどく活溌に見える松阪市に着き、迎えに出ていた加和さんの車に乗換えて津へ向った。

その夜は、津市のはずれにある加和さんの家で松阪肉の御馳走になり、よく燃える煖炉のそばで、旅の終りの楽しい一夜を過した。

秋の山の湯

西洋では叙事詩が発達し、わが国では叙景詩が重きをなしているのは、イリアッドと万葉集を比べてみてもわかる。彼等は人間が主であり、こちらは自然が主である。だから彼等は動物的であり、われわれは植物的である。こういう観点から東西の文化の差異を探求して行くのは、興味のあることと思うが、そしてそんなことはもう皆気づいていると思うが、まだ納得の行くような論説には出あわない。それは日本人の方から言い出さねばならぬことである。

しかしここではそんな小むずかしいことを述べようというのではない。紅葉のある山の温泉を思い出そう。

温泉も日本独特のものである。外国にも稀にあるのかもしれないが、旅行がわが国ほど温泉によって重きを占められている国はないだろう。ここでいう旅行とは、社用や帰省や観光のそれではない。地図を拡げて、楽しい空想を描きながらあれこれと行程を計画する山の旅のことである。その旅程の中に温泉を入れることを忘れない。いや、忘れても、温泉の方からしぜんに行程に入ってくる。それくらいわが国は温泉に恵まれている。

秋の山旅というと、月並ではあるが紅葉と温泉が結びついてくる。月並といえば、秋のモミジに対して、春のサクラが挙げられる。ただサクラは満開の期間が短いため、あまり温泉宿を儲けさせない。客はドッと押しよせるが、それっきりである。そこへいくとモミジは期間が長い。本当をいうとモミジも真に美しい盛りは、せいぜい一週間くらいだが、お客はサクラほど贅沢を言わない。何となく木々が赤みがかっていることでも満足する。紅葉しかけてから落葉してしまうまでには一と月くらいある。サクラは二十年ほどで名所を作りだすことが出来る。私の知っているある鄙びた温泉で、川に沿ってサクラの幼樹を植えたが、私が二十年ぶりに行ってみると、立派な名所になっていた。モミジはそうは行かない。

「秋風ぞ吹く白河の関」の白河から、バスに乗って阿武隈川上流の甲子《かっし》温泉という素樸な山の湯へ行ったことがある。ここは白河楽翁の推賞する所で、「白河に至りて甲子の山を見ざらんは、孔子の門を過ぎて其の堂に入らざるが如し」と書き残している。自然を訪れることを、聖賢の門を叩くようにたとえているのが、いかにも日本人らしい。楽翁は更につづけて「甲子の山に至りて楓を見ざらんは、堂に入りて室に入らざるが如し」私はその室に入った。

簡素な自家用発電で電燈をともしている宿で、その電燈が暗くて本も読めない。発電所の水に木の葉が溜って、それで電力が弱くなっているのだということだったが、文明の利器が他愛もなく落葉なぞに負けているところが山の湯らしくておもしろかった。宿から川っぷちまで歩いて橋を渡ったところに男女別のない大きな浴場があって、湯に浸りながら窓外の紅葉の盛りを鑑賞することが出来た。

日本の温泉は大てい谷川のほとりに湧いている。山の中腹にあるものもあるけれど、多くは谷川である。しかもそれが人間の住む最奥の部落よりも、まだ上流にあることが多い。北アルプスから流れ出ている川の上流は、大てい温泉を持っている。したがってその紅葉は渓谷と結びつけられる。

黒部川はその上流にダムを作るために山腹をトンネルで貫き、今は容易に近づけるようになったが、以前は宇奈月温泉がその入口であった。「紅葉の黒部渓谷」が宇奈月の看板であったが、本当に渓谷の紅葉を堪能するには、そこから更に川を溯《さかのぼ》らねばならない。祖母谷《ばばだに》温泉というのは、私が行った時には、川っぷちに野天風呂があるきり、その野趣が一そう紅葉の豪勢さを感じさせた。

こういう高地では、ただ広葉樹の紅葉だけでなしに、その中に針葉樹の常緑が混るから、尚一層引き立つ。赤と緑のまんだらは、紅葉一色よりもはるかに美しい。そこへ更に岩が加わると、優美な景色に一種の威がそなわって、一段とみごとな眺めになる。

高瀬川の上流にも豊富な湯が湧いている。いつか九月下旬に槍の肩から千丈沢を下って、湯俣温泉へ出たことがある。温泉小屋はもう無人で、川ぎしの一劃を石が囲んだだけの野天風呂があった。紅葉の盛りには少し早かったが、もう山はうっすりと色づいて、木の種類によってはもう燃えるような赤い部分もあった。よく晴れた静かな秋の日だった。湯の中で数日分の山旅の汗を流し、伸びた髭を剃り、そして無心に紅葉を眺めているだけで、幸福は無限であった。

東北地方は温泉が多い。殊に山の中へ入ると、あまり人に知られていない鄙びた安い湯があるのがよろしい。安いということは（少なくとも私にとっては）旅の重大ファクターの一つである。私たちは額に汗して得た金で旅行するのであるから、拐帯犯人のように豪遊するわけにはいかない。一泊何千円もする宿は御免である。そういう宿へ泊って歩くのは、それは「旅」ではなくて「遊覧」である。遊覧客目あての宿が次第にバッコして来たので、旅人はだんだんへんぴな所を探って行かねばならなくなった。

幸い東北にはまだそんな所が残っている。脊稜山脈の中へ入りこめば、今まで名を聞いたこともないような温泉が幾つも見出される。大てい冬は閉めてしまう。たまたま宿の引上げ際に出くわすと大歓待である。なに、紅葉を見に来た？ 紅葉が珍しいかね。都会の人が、紅葉を見にくるのは、山の人が都会へネオンサインを見にゆくようなものなのだろう。囲炉裏をかこんで栗やあけびを御馳走になる。夕食には必ずおかずに茸がつく。昼間ずっと紅葉の中を歩いてきて、まだ眼が赤く染まっているように感じながら、夜ただ一人湯に浸っていると、静寂とはこんなものであったかと思いあたる。

本州の北の端の下北半島、それも北に面して下風呂《しもふろ》という温泉がある。秋立つ頃私はそこを訪ねた。山が海岸に切れる僅かの土地を開いて、そこに階段状に家が建っていた。北海道の恵山《えさん》岬がすぐ真向いに見えた。別に温泉宿らしいものもなく、二つの共同湯があって、一つは食塩泉、一つは硫黄泉であった。海では烏賊が獲れるので、腹を裂いてスルメにする烏賊が、道の脇にまるで稲架《はさ》のように掛け並べて干してあった。その裏山はもう紅葉し始めていた。

翌日、私は恐山《おそれざん》に向った。まだ大日本帝国華やかな頃であったから、そのへん一帯は要塞地帯で、山に登ることは出来なかったが、宇曽利湖の湖畔の菩提寺に泊った。そこ近くに粗末な小屋作りの温泉がいくつもあって、どこへ浸ろうと勝手であった。そこを取り巻く山々は鬱蒼とした樹木に覆われていて、それは針葉樹であったから、山に紅葉の美はなかったが、湖畔のナナカマドの紅葉とその真赤な実が印象的であった。

関東周辺にも案外見逃された紅葉の温泉がある。人々は名の聞えた所へはむやみと殺到するが、そこから少し離れただけで、絵葉書も手拭もコケシも売っていないが、景色はいささかも遜色のない所があるのに、それにには無関心のようである。そういう人たちは、通俗案内記か何か読んで目的地を選ぶのが常で、自分で地図を拡げて旅程を練るという積極性がない。中には、どうせ行くなら話の種になるような有名な所、という人さえある。名を重んじて実を顧みない。

利根川の上流の湯ノ小屋へ行ったのは、やはり秋の真盛りであった。そこへ着くまでに上ノ原という高原を横切って行ったが、ちょうど小雨が降っていて、高原の紅葉がその雨に煙って見えるさまは実に美しかった。雨もまた風情の一つである。むやみと晴天ばかり願う人は、日本特有の風景がいかに雨によって変化づけられ、美しくされるかということを知らない人である。その当時の湯ノ小屋は、その名が率直に現わしている通り、粗末な宿が一軒あるきりの湯であった。

その時、私たちは狩小屋沢を溯って至仏山を越え、尾瀬ヶ原へ降りたのであったが、その狩小屋沢の源頭から至仏の紅葉を眺めた印象は、今なお私の頭に残っている。満山の錦で、その間に点々と浮島のように岩石がそそり立っていた。優美な紅葉の色調と、それを引緊めるように峻厳な感じの岩石と、双方相俟って、みごとな美の効果を作りだしていた。

餓鬼・唐沢

幹線は混んでいても、ローカル線へ入るとガランと空いている例は、鉄道だけでない。北アルプスの燕《つばくろ》から槍までの稜線は、アルプス銀座と俗な呼ばれかたをするほど、登山者の往反で賑わうが、燕から反対の方向餓鬼岳へ向う道は閑散としている。餓鬼から更に唐沢岳まで辿る人はごく僅かである。

かねてから大町の友人古原和美君から餓鬼・唐沢へ誘われていた。彼は地元の精鋭な若い登山者を動員して、この忘れられた辺境山域をつぶさに探っている。唐沢岳をめぐる幾つかの谷をシラミつぶしに試みているという話も聞いていた。こういう地味な山登りは、大町から葛温泉までのバス代十円（その頃の値段）あれば山へ入れるという羨ましい境遇にある大町山岳会にして初めて可能だろう。

私たちは九月下旬の連休をえらんだ。同行は、いつもの連れである不二さんと茂知君、それに私の家内が加わった。ところが肝腎の古原君は貴重な連休を私たちのために費やすことの出来ない羽目になっていた。彼にはもっと尖鋭な山行の計画が、彼の同志とのあいだに出来ていた。

その代り古原君は万端の手筈を整えておいてくれた。九月になると登山者の少ない餓鬼岳小屋は通常しまってしまう。それを開かせておいてくれた。ポーター代りの青年を一人私たちのために雇っておいてくれた。それからその時節の山の様子を知らせてくれた。

九月二十二日、先発の私たちは夕方大町に着いて、もう古原君が山へ行っていない留守宅を訪ねてそれらの手筈を聞き、それから教えられた旅館へ行って泊った。翌朝早起きして駅に行き、夜行で来た不二さんと茂知君を迎えた。打合せてあった白沢青年もそこに来て、五人で葛温泉までタクシーで走った。

温泉で車を降りたのは七時。今にも降り出しそうな空模様で、すでに川向うの道には傘をさして歩いている人も見える。私たちは雨装束になった。そしてすぐ山みちに入った。

　高瀬川に流れ入る滝沢と呼ぶ小谷に沿うて道は通じている。深い広葉樹の林の中を道は次第に高くなって行く。やがて沢を離れて急な坂を登り切ると一つの鞍部に到着した。葛を発ってからもう三時間もたっている。丸山峠と書いた板が木の幹に打ちつけてあった。

　丸山峠の名は、数年前この道を切り開いた餓鬼岳小屋の主人丸山忠芳さんから来たものだろう。まだ充分に踏まれていない道の様子では、通る人も少ないとみえる。私たちは峠の上で三十分ほど休んだ。幸い雨はあがったが、重い雲が垂れこめて、茂った木立の下は一層暗かった。それでも木立を透して正面に大凪山がおぼろに見えているので、天気の心配はなさそうだった。

　峠から一たん下ってまた沢のふちに出る。滝沢の上流である。そこから苦しい登りが始まった。ほとんど弛みのない急坂の連続である。右手の遠くに、頭に雲をかぶった蓮華岳が大きく現われたが、私には風景鑑賞の余裕はなくなっていた。何しろ辛い。夜行寝不足で来た二人の友の手前、そうたびたび休憩も要求出来ない。マラソンと同じで、こんな時ビリになってしまうと、先頭との距離は開くばかりである。

ようやっとあけ放たれた広い尾根へ出てホッとしたが、それから先がまた長かった。疲れていたので余計長く感じたのかもしれない。道は幾らか緩くなったようだが、苦しさは一向に減らない。チラチラと雪が降り始めた。見る間にあたりは薄化粧になった。うちのカミさんは先頭グループに加わっているのか、影も形も見えない。私と一緒にいるのは不二さんだけである。

私より七つ年上のこの先輩は、年とは思えないほど登りが速いので、いつも同行者泣かせで通っている。その不二さんも今日はどうしたことか、ビリの私の仲間になっている。いつもパイプをくわえて明るい顔が、今は黙ったまま渋面をしているところを見ると、私のお付きあいだけでもないらしい。

夕方が近づいて、とうとう小屋が見えた。見えたけれどそこまでの僅かの距離が、私には地獄の呵責であった。積った雪を踏んで、一歩一歩、エネルギーの最後の一滴を振りしぼって小屋に着くや、ヘタヘタと崩折れてしまった。漢語で書けば疲労困憊、英語ならエグゾースト、日本語では何と言ったらいいだろう。

あとで計算すると、葛温泉は約九〇〇メートル、餓鬼岳小屋は約二六〇〇メートル、それに丸山峠の下り一〇〇メートルの登り返しを加算して、この日の登りは一八〇〇メートル。しかもあまり踏み慣らされていない道ときている。これはどうやら私の体力を超えていたようである。

白沢青年のかついできた大きな荷の中には、その夜の御馳走が隠されていた。牛肉と松茸。残念ながら私には食欲が無くなっていた。一杯のウイスキー、あとは寝るしか慾がなかった。


前日の苦闘は、翌朝すばらしい賜物で報われた。一点の雲もない青空の下に、今年最初の雪を置いた北アルプスの山なみが、手の切れるような新鮮溌剌さで、窓の外に拡がっていた。私たちは歓声をあげて、朝食前に、小屋から十分とかからない餓鬼岳の頂上へ行ってみた。

北アルプスの山々は言うに及ばない。南アルプス、その遠くに微かに富士山、安曇《あずみ》野《の》を距てて頸城の山々、さては浅間から上信国境の連嶺、数える峰には限りがなかった。

餓鬼岳小屋は頂上のすぐ下にある。近年北アルプスの小屋は次第に近代化されてきたが、ここはまだ昔ながらの小屋である。小屋番の私室のほかには大部屋が一つあるきりの簡単な構造だが、その代り寝ていて上体をおこしさえすれば、窓の外の大観が得られる。

昨日燕の方から来て小屋に泊りあわせた学習院山岳部員、若い二人の女性の下山するのを見送ってから、私たちの今日の予定は唐沢岳往復である。餓鬼まではまだ人が来るが、ここから唐沢へ足を伸ばす人はごく稀で、今年になって十数名だろうという小屋の主人の話だった。

八時半に軽いリュックを背負って小屋を出発、まず餓鬼岳の頂上を踏んで、次に西餓鬼岳を越え、唐沢岳へ向う。尾根道だが、通る人が少ないので手入れはあまりよくない。倒木をまたいだり、岩をへつったりして暇はかかるが、格別難路というわけではない。天気がよく眺めがすばらしいので、昨日の辛苦など嘘のようである。

三時間ほどで唐沢岳に着いた。大きな岩の散在した清潔な頂上である。私たちはそこで弁当を拡げて一時間も休んだ。今日は秋分の日、下界は行楽の人で雑踏していることであろうが、ここ二六三三メートルの頂は五人だけの世界であった。爽やかな秋の空気がみなぎり、高い天には羊毛のような薄い雲が尾を引いていた。

唐沢岳は北アルプスの主軸線から離れているので、絶好の展望台をなしている。北には立山、剣から後立山《うしろたてやま》連峰、西には三ッ岳から鷲羽に続く長大な尾根、南には槍、殆ど北アルプスのすべてを眺め得たと言っても過言ではない。その大観を前にして、茂知君は新しいパイプの火入れ式を行なった。

飽かぬ眺めを頂に残して帰途につく。同じ道を同じ時間かかって小屋へ戻ったのは五時、祝福された一日はようやく崩れかけていた。それが夜に入って雨になり風が加わった。寝ようとしていると、ズブ濡れになって重装備の若い二人が入ってきた。燕からやってきた登山者であった。

山の天候は変り易い。夜半から嵐になり、小屋を揺すぶる音が物凄い。建物が古いので余計に響くのであろう。すべての羽目板が悲鳴をあげているように聞える。その雨風の中を昨晩の二人が出て行った。今日のうちに下山しなければ勤めに差支えるのであろう。その点私たちはのんきな身分で、茂知君だけが社会の要職にあったが、山登りのためにはいつも幅のある自由を獲得していた。

一日嵐が吹き荒れた。食事を二回に減らして、重たい蒲団をかぶって寝たり起きたり駄弁ったり、電話も新聞も来客もない、完全な休みの日であった。小屋のあるじの丸山さんの話によると、彼が少年の時、ナカムラという人が小屋に十数日滞在して、毎日絵を描いていたのを記憶しているという。それならそのナカムラさんは中村清太郎氏のことであろうか。

翌朝再び輝く晴天が私たちの上にあった。山々は新雪の装いをあらたにし、小屋の付近の草紅葉も一きわ色づいたようであった。朝七時勇躍して小屋を出発する。丸山さんももう小屋を仕舞う手順に取りかかっていた。来年の夏まで小屋は完全に閉ざされる。

今日目ざす燕岳の平らな長い頂が行手に見える。その上に槍の穂が鋭い。時どきうしろを振返る。岩でゴツゴツした餓鬼、樹木で覆われた頭の丸い唐沢、なつかしい二つの峰は次第に遠ざかる。

日本には餓鬼とか鬼とかいう名前のついた山は、ほかに幾つもある。それは大てい険悪な岩で出来た山を指すようである。この餓鬼岳はその代表者であろう。周辺には尖鋭な岩がそそり立っている。中でも剣吊りと呼ばれる岩峰群がきわ立って険しい。以前はこの稜線上の難所を通らねばならなかったが、今はその東面の樹林帯を捲く新道が出来ている。

東沢岳を通過して、東沢乗越へ下る。ここは中房川から高瀬川へ越える峠で、元は道があったらしいが、現在は深い笹に埋って廃道同様にみえた。

乗越から急な登りが始まる。これがこの山旅の最後の頑張りであるぞよと自分に言い聞かせて、喘ぎながら登って行く。ようやく樹林帯を抜け出ると、嫌なガレ場が待っていた。傾斜の急な、足場の不安定な、ザラザラ崩れる砂礫の登り、こんな所へくるとカミさんは弱い。悲しげな声をあげた。

そこを登りつめると、どうやら燕の一角に踏み入れたようであった。静寂な別天地のおもむきがそこにあった。果して燕の本領はそのあたりから開けた。燕岳は北アルプス中でも独自の景観を持っている。それは緑のハイマツの間にニョキニョキ立っている白い岩の群である。それは野性的な岩でなく、造化の神が長年かけて入念に手を施したようなすべすべした肌をしている。大坊主小坊主が思い思いの形で立並んだところは、岩の展覧会場へ入ったような気がする。写真家はしばしばここで夢幻的なオブジェの傑作を物する。

北燕岳の横を過ぎてゆるやかな上下を繰返し、最高点の主峰へ近づくと、花崗岩の白砂を敷きつめた中に、高山植物が可憐な姿を見せ、ハイマツの緑と、地から生えたような岩群の白さとが相映じて、美しい自然の庭園を現出していた。頂上も大きな岩から成っていた。そこから燕山荘まで気持のよい散歩道でしかなかった。

私の最初の北アルプスは四十年前の燕岳であった。まだ現在のような近代的な燕山荘はなくて、昔ふうの小屋であった。四十年ぶりの御対面で、私には思いあたるおもかげは殆ど無かった。あの時は雨の中を登って、雨の中を槍へ向ったからかもしれない。山荘のバルコニーで罐ビールを飲みながら、私は感慨に耽った。

燕山荘から中房温泉へ下る道にも見おぼえはなかった。それは公園のような立派な道に変っていた。途中、餓鬼・唐沢の姿をしげしげ眺め、燕岳を振返った。その平らな長い頂に岩の白さがあざやかだった。昔は燕岳という名はなく、燕岩と言ったようである。下界から仰いで、その白い岩が燕の翻るように見えたからであるまいか。

合戦小屋をすぎると、もう眺めのない樹林帯に入った。中房温泉は紅葉見物の婦人の団体で賑わっていた。枝に提灯などさげて、この温泉にも昔のさまはなかった。私たちはバスの時間まで、宿に上って湯に浸り、山旅の仕上げのビールを飲んだ。窓の外の流れに紅葉の葉が浮いている。新雪の山から降りてきた峡《かい》の湯は、ようやく秋たけなわになろうとしていた。

非合理なもの

ジャン・ジャック・ルソーは、都会を四角な壁と罪悪と煤煙しかない土地として嫌悪し、自然に帰れと叫んだ。二百年前のことである。時代と共に都会はますます人工化して、なまの自然は次第に追い払われつつある。物質文明が高度化するにつれて、この傾向はいよいよ増長するだろう。

近年一般の山登りが盛んになって、登山ブームなどと言われている。しかしこれは一時の流行ではない。この汚濁した都会の空気の中にあって、清新な自然を求めるのは当然である。その証拠には、登山熱の一番高いのは大都会であり、熱心な登山者は都会育ちの人が多い。都会人はそれだけ自然に渇いているのである。

田舎では、特別な人は除いて、用でもなければ好んで山へ登ろうとはしない。彼等は自然に充ち足りている。なぜ都会の人がわざわざ山へ登りに来るのか、不思議がっているくらいである。

自然は山だけではない。野もあり、海もある。山がこれほどもてはやされるのは、野や海のように平面的で単調ではなく、立体的で複雑であるせいかもしれない。それだけ自然が豊富と言えよう。

その豊富を味わうためには、自分の足で登ってみなければならない。このごろはどこの山もケーブルばやりである。あれに乗れば労せずして山頂に行ける。しかし私に言わせると、同じ頂上でも、苦労して登ったのと機械で運ばれたのとでは、その快味が違う。格段に違う。

労せず獲得したものに大したものはない。額に汗して獲たものの貴いのは、その内容が充実しているからである。中学生の勉強にアンチョコというものがある。私たちの時代には虎の巻または道楽と言った。それを使用すると、しごく安直で便利で、一々字引を引いたりする苦がない。その代り本当の実力はつかない。

ケーブルは山登りのアンチョコみたいなものである。その場は楽だが、間もなく皆忘れてしまう。自然の美しさは、一歩一歩足を踏みしめて登ることによって、深く心に印象されるのである。

登山とは大体非合理なものである。理屈では割り切れない。なぜ辛い目をしてそんな高い所へ登ろうとするのか。明確な返答はない。ただ「山へ登れば、なぜとも知らぬ心の昂揚」とでも言うほかない。これはテニスンの詩である。合理主義なら動物の方が徹底している。彼等は餌でも無ければ決して頂上へ登ったりはしない。身体を消耗して、得もない頂上まで登るのは人間だけである。頂上に立って、なぜとも知らぬ心の昂揚を感じるのは人間だけである。

戦後の風潮として、今まで神秘主義の雲に閉ざされていたものが、すべて合理主義の光に照らしだされたことは、いい傾向である。カミカゼとかテンバツとか、正体のハッキリしないものが、科学のメスによって切り開かれたのは進歩である。あまりに非合理であった日本が、合理を尊重するようになったのは、喜ぶべきことであろう。が、そのために非合理の尊さが無視されてきたのではなかろうか。理屈にあわないものは何でも切り棄てる一種の軽薄が、しだいにはびこりつつあるのではなかろうか。

日本の山は美しい。それが合理主義によって犯されつつあるのは痛ましい。清流はダムによって壊され、幽林は片っ端から伐られていく。水力電気もパルプも国利民福には必要であろうが、その方法と限度がある。あさはかな合理主義は、眼に見えない富というものを知らない。美しい自然が昔からわが国民の精神に、どんなに大きい無形の富を与えたかを知らない。

合理的に言えば、富士山はただ巨大な土のかたまりである。地球の内部から噴き出したものの堆積にすぎない。あんなものは崩して、駿河湾の埋め立てに使った方が有利かもしれない。しかし富士山がわが国民に与えた影響は無限である。あの山が無かったら、日本の歴史はもっと別の道を辿っていたかもしれない。あの大きな土のかたまりに、どこにそんな神秘があるのか。合理主義では解決出来ない。

林武画伯が幾日も富士とにらめっこして、富士を描くのに苦心しながら、まだその真諦がつかめないという談話を読んで、私はあらためて富士山の貴さを思った。あの山にケーブルを敷こうなどとは、もってのほかである。

有明山

わが国で昔から名山と呼ばれたものは、街道筋からよく目につく形のいい山であった。形がいいというのは、まだデフォルメを美として認めない頃であったから、もっぱら富士型の端正さが択ばれた。日本アルプスの山々が、若干の峰を除いては、名山のリストに載らなかったのは、僻遠の地にあるのと、その姿が常識的でなかったからであろう。その択ばれた若干の中に有明山があった。

現代では、有明山と言っても知らぬ人が多いかもしれぬ。知っていてもさして注意もしない人が大部分である。燕から槍への縦走がアルプス銀座と呼ばれるほど混雑するのに、その燕の麓まで行く途中嫌でも目につく有明山に、重要性をおく人は殆どないようである。彼等の眼は、もっと奥へ、もっと高い方へ、と惹かれている。有明山は旧時代の名山としておき去りにされた形である。

昔の人は、そんな不確かな奥の高い山よりも、すぐ眼の前にある形のいい有明山を信濃富士と呼んで尊重した。北アルプスがまだ terra incognita であった頃、有明山はすでに、

信濃なる有明山を西に見て心細野の道をこそ行け　西行法師

われもまた有明山の月影に細野の道の末はまよはじ　遊行上人

などとうたわれる名山となっていた。

旧記によれば、この山の開かれたのは大同二年（八〇七年）天鈿女命《あめのうずめのみこと》の垂迹の地として戸放大権現を祀ったという。天ノ岩戸に隠れた天照大神を引出すため、細女命がおかしい踊りをおどり、天手力雄命《あめのたぢからおのみこと》が岩屋の戸を取って投げた、その戸がここに落ちたという伝説から、この山を一名戸放ヶ岳とも呼んだ。

旧記というのは「有明開山略記」で、私はそれを熊原政男氏著『登山の夜明け』の中に収められているのを読んだ。それによると、この霊山に登る人の絶えて久しく無いのを嘆いて、享保六年（一七二一年）七月八日、修験者有快とその末弟の二人が、村民を混えて総勢十七名、山麓の板取村を発って、道なき道を掻きわけながら頂上に達した。その夜は頂上で過し翌朝下山した。

その紀行に「初道ヲ開ク」とあるから、その時に登山路がつけられたのであろう。そしてその後山頂には小祠が建てられ、夏期になると遠近の人々の登拝が絶えなかったという。

この風習は明治まではまだ続いていたらしい。その証拠に、日本アルプスの父と呼ばれるウェストン師が、大正元年（一九一二年）八月十四日にこの山へ登っている。彼も有明山が古来の名山であることを聞き及んだのであろう。

ウェストンといえば人々は直ちに『日本アルプスの登山と探検』を思い出すが、その後（一九一八年）やはり日本の山のことをおもに書いた『極東の遊歩場』（The Playground of the Far East）の出ていることを知っている人は少ない。翻訳のないせいもあろう。この本の中にウェストンの有明山登山のことが載っている。

彼は燕岳と有明山に登るつもりで中房温泉へ来た。妙義山で雇った強力《ごうりき》の根本清造を伴れていた。有明登山の一行は、ウェストン、清造、温泉の主人、それにたまたま中房へ来ていたジャーナリストと画家と写真家の三人が加わった。

その時の画家が、現在木曽に元気に暮しておられる石田吟松氏であることが分ったのは、つい数年前のことである。石田さんはその登山の折の写生帳を保存されていた。それによると頂上にはちゃんとした神社があり、その脇の岩の上にウェストン等が休んでいるところが描かれている。石田さんの話では、ウェストンは立派ななりの紳士で、登る時には「六根清浄」を唱えて歩いたという。

ウェストンの本では、森林に覆われた山道を登ること三時間弱で頂上に着くと、そこはすばらしい視野を持った展望台であることが記されている。

上記のように、有明山は北アルプスでは最も早く開けた山であったのに、今は時勢に取残されて、ガイドブックの類さえその存在を無視しているふうである。現在その道がひどく荒廃していると聞いている。この山を里から眺める位置としては、真東の高瀬川のほとりから見た形が一番よく、頂は三つにわかれ、そこから左右に引いた線が美しい。信濃富士という名称も成程とうなずける。

登山はスポーツか

登山は肉体の運動であるからスポーツと見なされているが、普通言うところのスポーツとは違う。運動神経の発達した者が優秀な登山者とは限らない。むしろ、私たちの学生時代には運動の下手な者がよく山へ行った。ピッチャーから球を投げてもキャッチャーに届かないような男、鉄棒で尻上がりもできないような男、そういうブキッチョで、どこの運動部へはいる資格もないような男が、山へ行った。そして立派な登山者となった。

近頃はスタンスとかバランスとか、登山の筋肉運動的な技術が強調されているようだが、もちろん、殊に岩登りにおいて、それは大切に違いないが、登山はそれだけで終るものではない。

鹿を追う者山を見ず、と言うが、そういう技術だけに走っている者は、とかく山を見失いがちである。いったい彼等は山から何を得て来たか。ただ手足の敏活な運動と、肺活量の大きさと、特大リュックの担荷力を誇るだけであったとしたら、それは登山という豊富豪華な饗宴のほんの一部しか味わわなかった者と言えよう。

登山は普通の肉体的スポーツに比べて、もっと広い精神的分野を含んでいる。美しい山河に対しての感動、予想されない自然現象の変化に対する頭脳的処置、複雑な地形の判断、同伴者との微妙な気持の反映、そして動植物や地質や気象などの観察とその収穫。ルールに規定されたり、レコードを争ったりするスポーツとは大いに違うのである。

オリンピックには大ていのスポーツが網羅されているが、登山はない。登山はスポーツを越えて、もっと大きな精神的拡がりを持っているからである。それは倫理や美学や芸術にまで関与する。

登山には古典がある。一世紀も前の登山家の紀行が今なお尊重され、愛読され、その刊行本は古書店で高価を呼んでいる。棒高飛びやレスリングに、そういう古典が存在するだろうか。

一般スポーツの舞台は、リングやプールやトラックやフィールドである。登山のそれは複雑で変幻きわまりない自然である。自然と人間との一対一の対決である。それはしばしば死に至る対決である。

すべてのスポーツにはゴールがある。終結がある。登山にはそれがない。頂上を極めた時が終りでは決してない。その先がある。百メートルを人間は九秒以内では走れないという限界がある。登山には限界がない。山を愛し、山を志す限り、その範囲は無限に伸びている。こんな途方図もないものを、どうして単にスポーツと呼べよう。

私の学生の頃には登山をスポーツとは言わなかった。そう言われだしたのは、おそらくイギリスの登山家ママリーの影響かもしれない。ママリーはヨーロッパで初めてスポーツ的登山ということを唱えた人である。しかしそのスポーツ的という言葉は、決していま日本で解せられているようなスポーツの意味ではなかった。ママリーの紹介者大島亮吉は賢明にも、スポーツという言葉を避けて、「遊技的登山」と訳した。

スポーツの元の意味は古英語の disport から来た、とオックスフォードの辞書は教える。disport とは、消閑、休養の意味である。それが後にもっぱら肉体運動や競技の意味に変ってしまった。

ママリーがスポーツ的登山と言いだしたのは、それまでの登山が、測量や採集や狩猟に重きをおかれていたのに反対して、純粋な登山のための登山を主張したのであって、決して肉体的運動のスポーツを指したのではない。大島亮吉の言葉を借りれば「ママリーの登山に対する独特の見解は、それを古代ギリシア精神を通じて見たのと同様の遊技」と観じたのである。

登山はスポーツなり、と簡単に割り切った見方が、現在の日本の登山のありかたを少なからず曲げているように私は思う。大学の山岳部は体育会の一部として、部員にスポーツ練成的なシゴキかたをしてよく問題をおこしている。そこには自由で広闊な気持の登山はなく、対校意識的な訓練だけが強調されているかのようにみえる。

また尖端的な山岳団体では、アクロバットのうまい者が優秀とされ、どこの岩場にもやたらにピトンが打たれ、ザイルやハンマーを持たない者は、一人前の登山者でないかのように見なされている。そして岩場の初登攀というレコード争いさえ行われている。

結論として登山術の大家ウィンスロープ・ヤングの言葉を引こう。「登山がスポーツになったのはいい。しかし決してスポーツだけであるべきではない」

晩秋の田沢湖線

田沢湖は今度で三度目。ものも三度となると、あまり感激はない。ましてこの湖は、ただ見た限りでは、心を蕩《とろ》かすような美に欠けている。つまり湖岸に変化を与える入江とか、水ぎわを際立たせる岩壁とか、布置の妙を添える小島とか、そういう道具立てに欠けていて、風景の刺激を求める人にとっては、ただ平凡な一円湖としてしか眼に映らない。しかもそれがあまりにも完全な円でありすぎる。デフォルメを喜ぶ近代人の嗜好にそぐわない。

風景が人に与える感動には、先入観が大きな役割をなす。昨年の春、西アジアを旅行した際、私はチグリス、ユーフラテス川のほとりに立って感慨無量であった。それは私が中学生の頃からそこが人類文明の発祥の地と教えられていたからである。まだヨーロッパもなく日本もなかった紀元前数世紀に、すでに高度の文明がこの二つの川の流域にあったという、そういう回顧が私の想像力を掻き立てて、そこの風景を感銘深いものにしたのである。もしそれがなかったら、チグリス、ユーフラテス川もただの平凡な川にすぎなかっただろう。

屋島にしても壇ノ浦にしても、平家滅亡というロマンチックな想像が加わって、その自然は一段と魅力を増す。私はまだ知らないが、ライン川を舟で下る観光客は、ローレライ伝説の地で一きわ嘆賞の声をあげるらしい。

田沢湖に何かそういう誘因があるだろうか。ある。私が八年前初めてこの湖を訪ねた時、次のような予備知識を持っていた。すなわち、田沢湖の水の透明度はバイカル湖についで世界第二位、その水深はカルデラ湖としては中部スマトラのトバ湖についでアジア第二位。誇るべき順位ではないか。オリンピック競技では日本勢は三位、四位を占めることもむずかしかったが、湖沼オリンピックというものがあったら、田沢湖は断然日本の最優良選手ということになるだろう。

最初田沢湖へ行った時、舟で御座ノ石神社のある所へ渡った。舟の上から私は水面をみつめて、世界第二位の透明度とはどんなものであろうかと心をときめかせた。しかし透明度とは科学的な測定であって、感覚的なものではない。なるほど水は澄んで美しかったが、私の審美眼に決定的な打撃を与えるほどではなかった。

アジア第二位の水深に至っては見るよしもない。ただ湖面の標高は二五〇メートル、水深は四二五メートル、従って湖底は海面下一七五メートルにある。この科学的な数字は私に、少年の冒険小説的な空想を与えた。もし湖底から海岸までトンネルを掘ったら、どんなことになるだろう。

歴史や伝説の先入観が風景におよぼす魅力を私は先に言ったが、田沢湖にそれが欠けているわけではない。冒頭に私はこの湖の景観をやや低く評価した。その名誉挽回のために、今後田沢湖を訪れる人たちに、有利な先入観を与えておく必要がある。ただ科学的な特徴だけではなしに、人文的にも実に豊かな資料を持っていることを、私は富木友治編『田沢湖』によって知った。例えば辰子姫の物語を知っているだけでも、この湖を見る観光客の感慨は大きいだろう。そのほかに、古い歴史や、民俗や、俚謡や、残された絵画や詩文や、それらを頭において田沢湖を訪れるならば、それはただの平凡な一円湖ではない。

しかし資料はあまりに多すぎる。私はさっきから『田沢湖』をあちこち翻しながら、このカルデラ陥没湖の賛辞を探しているのだが、それはあまりに多すぎる。「あまりに多すぎる、それ以上の讃辞があろうか」という西欧のある文人の言葉を引いて、田沢湖から別の話に移ろう。

田沢湖へ行くには、奥羽本線の大曲《おおまがり》でローカルの生保内線《おぼない》に乗り換える。というのは今度私が訪問した十日前までの話であって、生保内線は新しく田沢湖線と名を変え、もはやローカル線ではなくなった。それは今までの行き止りを破って岩手県に続く主要な線路となったからである。その田沢湖線について書くのが、私に命じられた任務であるが、それは後廻しにしよう。

二度目に田沢湖へ行ったのは三年前、まず当時の生保内線の「かくのだて」で下車した。駅名はそう呼ぶが、所の名は角館《かくだて》である。日本には地方に独自の個性を持った小さな町があって、名のある名所旧蹟よりも遙かに旅の情趣を味わわせてくれるが、角館もそういう町の一つだった。時もよかった。ちょうど東北のおくれた春にめぐりあって、町のほとりを流れる檜木内《ひのきない》川のへりは桜の満開だった。こんな見事な花のトンネルは私には久しぶりで、出盛った秋田訛りの花見客に混って、心ゆくまで樹下を逍遙した。

宿もよかった。どこにでもある旅館タイプではなくて、時代がかった狭い階段を上ると、厚い壁を持った土蔵の中が、私の通された部屋だった。その上、友もよかった。町立図書館長の富木友治君、前記の『田沢湖』を編した人である。秋田魁《さきがけ》新報角館支局の太田雄治君、デップリ肥って、この界隈のことなら何一つ知らぬことはない。

医学博士熊谷幹一君、いかにも新進有為の国手といった感じの開業医。三人とも、私には初対面であったが、一見旧知のごとく、遠慮のない間柄になった。

昨年の初夏、秋田の森吉山《もりよし》に登った。たっぷり残雪をおいた美しい山であった。その帰り、私は二人の友と共に、十二段峠を越えて檜木内川を下り、角館に出た。三人の旧知は私の連絡ですぐ集まってくれた。あわただしい時間であったが、私たちは手厚いもてなしに預かり、界隈の自然や人生について楽しく語りあった。

そして今度が三度目の角館だった。まず田沢湖の宿に着くとすぐ、私は角館の三人のインテリ・グループに電話をかけることを忘れなかった。熊谷ドクターはその日解禁になった狩猟に出かけて留守だったが、あとの二人は夕方秋田銘酒「新政《あらまさ》」を下げて、宿へ訪ねて来た。

その晩はおそくまで留めどなくしゃべりあった。それでも足りず翌日は角館へ連れて行かれて、今度はドクターも加わり、キリタンポの鍋をかこんで酌み交した。実に話題の豊富な人たちで、その豊かさは、角館という一城下町の文化の深さを示すものであった。

角館の文化的伝統の源は、戦国時代芦名氏がここの城主であった頃から始まる。その後、佐竹北家の支配下に入り、廃藩まで二百二十年続いた。その武家屋敷が今も並んでいて、殆ど軒毎の塀の上に、大きな桜の木が柳のような枝を垂れている。これが天然記念物の枝垂桜であって、私は最初の角館訪問の時、その美しい花盛りを見た。

角館が秋田県の文教の地と言われだしたのは藩政時代からで、すぐれた人物を輩出したが、私たちに近い時代でも、画家で歌人の平福百穂、新潮社を創始した佐藤義亮などが、この町の出身である。昔は田沢湖は角館の名勝地の一つとして知られ、多くの文人墨客がここから発って湖を訪れたのであった。

武家屋敷と商家町とが判然と分れているのも珍しく、その境にあたる広場に、近年出来上った瀟洒な図書館が立っていた。地方へ行って、文化的施設の目立つ町ほど好印象を与えるものはないが、この町の予算が図書館に費やす割合の非常に大きいことを聞き、その建物の向うに横たわる花場山のようやく色づいてきたのを眺めながら、私には角館がますます好ましい町に思われてきた。

このたびの旅行は、名目は新しくついた田沢湖線に乗ることであったが、本当の目的は湖の脇に立つ駒ヶ岳にあった。駒ヶ岳という山はほかに幾つもあるので、普通こちらは秋田駒ヶ岳と呼ばれている。標高一六三七メートル、山として高い方ではないが、形の美しい品のある山で、昔から土地の人に崇められ、頂に祠《ほこら》がまつられているのも当然であった。

およそ湖はそのそばに立つ山によって一層精彩をおびるものだが、田沢湖のそれは駒ヶ岳である。湖上に出て遠ざかるほど美しく見える。ほぼ富士形をして、頂上は峰がわかれている。中央に高いのが男岳、その左の峰が女目《おなめ》岳、右にやや離れて低く女岳。女目《おなめ》とは二号さんのことで、つまり男岳が二人の夫人岳を擁していることになるが、どうしてそういう呼び方になったかは知らない。

私の前二回の田沢湖訪問は、この山に登るためであった。そして二度とも登りそこねた。初めは黒湯から出発した。黒湯とは、現在乳頭《にゅうとう》温泉郷と呼ばれている温泉群の一番奥にある鄙びた湯で、その一キロあまり手前までバスが通じていた。生保内を出たバスは、駒ヶ岳の裾を巻くようにして次第に高く登って行く。途中展望台があって、田沢湖が遙か下に円く見おろせた。黒湯に一泊して、翌日まず乳頭山《にゅうつむり》に登り、それから県境の尾根を伝って駒ヶ岳へ向ったが、笊森山《ざるもりやま》を越えたあたりで雨風になり、大粒の雹に打たれ、止むを得ず来た道を引返した。

次は国見温泉からだった。この温泉、というより素樸な山の湯は、駒ヶ岳山彙の一峰横岳の南面の裾、標高八八〇メートルの位置にある。湯もさることながら、私はかねてから一度国見峠というのを越えてみたかった。この峠は秋田から岩手に通じる古い道であった。ところが明治初年にそれより南に新しく仙岩峠が開かれて、それが主要な国道となった。その開通式には、当時の内務卿大久保利通が臨んで、その難事業の完成を賞したという。しかしその新道路も次第に荒れて、廃道同様になったが、近年更に別の国道の工事が開始され、それがようやく出来上って、バスの通る立派な道となった。

私が田沢湖の方から国見峠を越えようとした時には、まだこのバス道路は完成していなかった。私の目ざす峠みちは、その道路から左へそれていた。四月の末であったが、ずっと雪の上を踏んで行った。道は長かったが、ついに峠の上に立った。

国見峠。古い歴史を持った峠、いかにも峠らしい峠、そこから岩手の方を見おろして、私は平福百穂の歌を口ずさんだ。

ここにして岩鷲《いわわし》山のひんがしに岩手の国は傾きて見ゆ

岩鷲山、すなわち岩手山の大傾斜がゆったりと伸びている雄大な景色であった。峠から雪の急斜面を下ると、そこに国見温泉があった。

温泉で一泊して、翌日駒ヶ岳へ登るつもりであった。しかし運がなかった。小雨模様で、昼まで待っても晴れなかった。断念して雫石《しずくいし》の方へ下った。

そして今度が三度目の正直だった。しかもそれが実にあっけなく果された。田沢湖の町から駒ヶ岳の八合目まで車で行かれた。そこに山小屋が建設中だった。今年新しく開かれたという登山道を辿って、男岳の頂上まで一時間とかからなかった。

頂上には小さな石の祠があった。あいにくの霧で展望は全くなかったが、宿願の山の頂に立った喜びは大きかった。男岳の頂上は岩稜の果ての狭い突起であるに引きかえ、女目岳は円い丘であった。その間に広い原があり、細長い池があった。夏であったら、このあたりは高山植物で埋められ、さぞ気持のいい所であろうが、十一月一日では寒々とした風が吹き、すでに一度降ったらしい新雪が山かげに残っていた。

帰りは女目岳のうしろを廻り、旧道を通って、車のおいてある八合目へ戻ってきた。下は晴れていたが、頂上の雲はいつまでたっても取れなかった。

開通して間もない田沢湖線には、かくのだて駅から乗った。ホームに歌碑のある駅はここだけかもしれない。

大威徳《おおいとく》の峰に一筋横たはる朝雲のありかくだてを去る　放庵

と彫ってある。角館を訪ねた文人や画家は多く、小杉放庵もその一人であったのだろう。露天のホームから、長い峰のその大威徳山が眼の前だった。

そこから二つ目の駅が生保内、それが今度新しく田沢湖駅と変った。

私は駅名の改称を好まない。沓掛が中軽井沢となり、金井が蔵王となり、三日市が黒部となり、そういう安直便宜的な改称で、ゆかりのある古い名前が次第に消えて行く傾向を、私は喜ばない。

生保内、これはアイヌ語のオポンナイ（霜多い沢）またはオポロナイ（川尻の沢）からの転訛だという。これほど印象的な名があろうか。美しい地名をつけることにおいて、アイヌ人より日本人は後退したようである。先に述べた国見峠、いい名だった。仙岩峠、これは秋田県仙北郡の仙と、岩手県岩手郡の岩とをつなぎあわせたもの、役人らしい名づけかただ。今度新しく完成したバスの国道、何とそれが今流行《はやり》の何々ラインの後塵を拝してパーク・ラインとは！　地方の諸士よ、もっと独創的であれ。

とは言え、田沢湖線はよかった。あれが盛曲線であったりしたら、沿線の風景も色あせるであろう。線路の両端の地名の頭文字をつないだ名前ほど、痴呆的なものはない。両地方の御機嫌を損じまいとする安易な妥協で、言葉のひびきも字面も、つまり日本語の美しさは念頭にない。その点でも田沢湖線はよかった。

今度新しく開かれた線は、生保内から岩手県側の雫石まで、乗車時間にすれば僅か一時間くらいであるが、県境の山地を貫く線路だけに難工事であったと聞く。それはトンネルと鉄橋の連続の列車に乗ってみても察しられた。

何事であれ、物の初めは溌剌として潔よい。私の乗ったのは、大曲発、盛岡行の急行であったが、もはやローカル線の侘しさではなく、明るい色の車体も、都会風の人の多い乗客も、車掌までが声をはずませて、

「皆さん、この列車がガタンゴトンと音のしないのは、継ぎ目なしのロング・レールを使用しましたからで……」

と車内放送をしていた。レールだけでなく、いろいろな点で新式の設備が施されているそうであった。この全通を祝福するかのように、窓外の風景――高い脚を持った鉄橋の下を流れる渓流や、両側に迫った紅葉の斜面までが、快速の列車に向って歓声をあげているようにみえた。

私は雫石で下車した。ここは十和田・八幡平国立公園の南玄関にあたるところだが、どうか雫石といういい名を棄てて、岩手山麓駅などと改称しないように願いたい。駅前にライトバンが待っていた。前もって連絡して迎えに出てもらった旧知の村井正衛

君の車であった。

村井君は昨年出来た岩手山麓国民休暇村あみはり荘の支配人である。これほどの適任者はあるまい。というのは君は、岩手山、八幡平、秋田駒ヶ岳、それら一帯の地域を、わが庭のごとく知っているからである。数年前私が岩手山へ登りに来た時も、盛岡で君の出迎えを受けた。一緒に小岩井農場の牛舎を訪ねて、三百貫を越えるというでっかい種牛に驚嘆し、葛根田《かっこんだ》川に臨む天然記念物の玄武洞を見物して、紅葉の散りかかる柱状節理のみごとさを賞してから、網張温泉へ向った。

その頃はまだ雫石から途中までしか車が通ぜず、温泉まで約二時間ほど歩いて登らねばならなかった。広々と傾斜した牧場があり、それを横切って行った。到着しておどろいた。全く化物屋敷のように荒れ果てた宿だった。湯も土色に濁っていて、入浴中少しでも身体を動かすと、モクモクと下から泥が湧いた。

ところが今度はどうだろう。雫石からの車はあみはり荘の玄関に横づけになり、中へ入ると設備の整った快適な気分に溢れていた。浴場も広くきれいになり、もう泥の滓《かす》がわいてくるようなこともなかった。食堂も談話室も清潔で、細かい点にまで支配人の教養が行きわたっていた。

その夜はあたたかい炬燵をはさんで、久しぶりの村井君と酒を酌んだ。美しい奥さ

れた。網張という名の由来は、旧藩時代までは湯の源泉が神聖視され、網を張りめぐらしたことから来たのだという。国民休暇村になってから、スキーの施設が出来、冬はスキー客で賑わうようになった。質のいい雪と変化のあるスロープで、県下で有数のスキー場となった。山の好きな村井君の計画は、今後いよいよ発展するだろう。その楽しい夢を聞いていると、私はここがあまり宣伝されるのが惜しくなった。この次はスキーを持って来よう。

翌朝、外には白いものがちらついていた。今年初めての雪だった。食堂で、紺ガスリの法被に、細く緊まったモンペ姿の、いわゆる雫石あねっこに給仕されて朝めしをすますと、私は再び村井君の車で盛岡まで送ってもらった。道をかえて小岩井農場の中を通ったのは、そこの晩秋の風景を私に見せたいためだとわかった。落葉松の紅葉が美しかった。牧草地が眼のさめるように青々と拡がり、その彼方に岩手山がゆったりと長い尾根を引いていた。

それは普通の観光地ではないが、どんな観光地よりもすぐれた風景に私には見てとれた。農場を貫く道は長かった。しかしどんなに長くても長すぎることがないほど、そこの景色は私を魅了した。

一昨年国見峠を越えて盛岡へ出た時も、村井君と一緒だった。彼はわざわざ国見峠まで、田沢湖の方から登って行く私を、迎えに出ていた。雪の峠の上で、やがてここに立つ予定の平福百穂の歌碑のことを話しあった。しかし今度来てみると、その話は立消えになっていた。秋田と盛岡の両県で、歌碑を建てる場所に折合がつかないからだという。百穂のあの有名な歌、「ここにして岩鷲《いわわし》山のひんがしに……」の碑にふさわしい場所は、国見峠以外にはあるまい。百穂が秋田側から登ってきて、峠の上に立った時、不意に彼の面を打った雄大な景色、それが「岩手の国は傾きて見ゆ」であった。岩手山の大傾斜が盛岡の野に悠々と伸びたおもむきを、これほど適切に表現した歌はあるまい。

ところが岩手県側の識者のあいだには、この歌にも異議があるのだという。それは「岩手の国は傾きて見ゆ」という言葉が気に入らないのだそうである。むかし豊臣側で鐘銘に「国家安康」と入れたのを、徳川側で抗議したという話も、笑うことは出来ない。

冬山の季節

一年前の冬、丸ノ内に会社重役連の集まって昼飯を食う会があり、私に冬山の話を聞きたいという招きがあった。行ってみると、およそ冬山とは縁の無さそうな老人風情が大部分である。

近ごろ息子や娘たち（または孫たち）がしきりに山へ出かける。親としては心配でならない。どこにそんな魅力があるのか。それを聞きたいらしい。私は親をハラハラさせる青年が大好きだから、大いに冬山の美しさを説き楽しさを語った。遭難？　まあ交通事故とあきらめるんですな。

事実は、そんなにやたらに遭難はない。新聞が二つ三つを大きく書きたてる裏には、その何十倍、何百倍が、安全に帰ってくる。万一の遭難なんぞ怖くって、山へ行けますか。

山登りが絶対安全なものときまっていたら、さぞ味気ないだろう。危険の克服があってこそ、思い出もまた楽しいのである。それがいやならマージャンでもしておればよい。登山がマージャンより良い行為だとは決して思わないが、都会でぬくぬくと温まっている青年よりは、寒風と吹雪の中へ出て行く青年の方が、私としては好きである。

私は登山をスポーツなどと思ったことはない。不器用で、運動神経のにぶい私が、技を競うなんて！　身体の鍛練、品性の向上、そんなつもりも毛頭ない。そのつもりならもっと適当な方法が、ほかにいくらでもある。

還暦を越えた今でも、荷を背負って、息を切らして、雪の上を登って行くのは、山が好きだからだろう。どんな時の過しかたよりも、やはり山登りが一番楽しい。

登山論というものがあるとしたら、最近読んだ加藤泰安君の文章がまことに面白かった。彼は登山は放蕩だと主張する。好きなオイランのもとへ通うようなものだという。それがヒマラヤとなると、これは大蕩児で、産を破り、妻子眷族に嘆きをかけようと、やめられない。ほれたオイランだったら、心中することだってあるだろう。登山はスポーツなんていう無害健全なものではない。山は魔力を持っている。それが怖かったら、初めから近寄らない方がいい。深入りすればするほど心中の危険のある証拠には、外国でも日本でも、著名な登山家たちが山で死んでいる。

安全で健康な登山は、文部省体育局あたりの奨励で、それは結構な話である。しかしそんなことでは我慢の出来ない蕩児がいる。勘当するよりほかない。昔、まだ登山が今日のような流行にならない私の学生時代には、そういう勘当息子が多かった。勘当息子は親の言うことは聞かなかったかもしれないが、山に対してははなはだ神妙であった。山の御機嫌をうかがい、出所進退には気をつけ、決して無謀なことはしなかった。

私は今までに大声で登山を奨励をしたこともなければ、遭難防止を叫んだこともない。私自身小蕩児であるから、そんな大きなことは言えない。ただ山の魅力を語ってきただけである。

山へ行く青年は、他の青年より、善良で、純真で、健康だということは決してない。しかし未知にあこがれ、アドベンチュアを愛する精神だけは皆持っている。私はこの精神が好きである。

世の遭難防止の教えは、夜行徹夜で行くな、雪崩の恐れのある山へは行くな、天候の悪い時には行くな。行くな行くなずくめである。だれも充分な暇などない。私は今でもしばしば夜行徹夜で行く。雪崩の絶対にない冬山なんてない。悪天候は冬山にはつきものである。それらを克服してこそ、冬の登山である。ヒマラヤは一年中冬山である。

歩兵操典に「攻撃は防禦なり」という教訓があった。防禦ばかり叫んでも遭難はふせげない。むしろ積極的に攻撃の方法を教えることが肝要であろう。アドベンチュアを愛する者は、よりけわしい、より困難な登山を願うのは当然である。

山は辛いけれど楽しい。雪をかぶった山は、この世のものと思われぬほど、おごそかで美しい。先日も、来日中の韓国の青年金禎燮君が拙宅に見えて、一晩山を語った。彼は一昨年韓国から出たヒマラヤ登山隊の一員である。目ざす八〇〇〇メートル峰のダウラギリへは登頂出来なかったが、現状の韓国でヒマラヤ登山隊を組織することのいかに困難であったか、それを彼は遂行した。世界中に山の好きな青年は至る所にいる。そしてどんな障害があろうと、登らずにはいられないのである。

年末年始の山

人々の足取りもせわしい大晦日の朝、掛取りもなければ借金もない、年末年始の儀礼にも疎《うと》い私たち三人、例の呑気な顔で新宿駅に集まった。村さんと私は還暦、不二さんはとっくにそれを越えている。ほかに見慣れぬ青年がいると思ったら、それは村さんの御長男で、その重たげなリュックの中には、われわれの乾杯用のビールが用意されていたことを、あとで知った。

混む——ということは、私たちの登山条令の真先に忌避されている。だから、高尾までの立ちん棒は致しかたなかったにしても、そこから始発の空いた汽車に乗換えて大月まで。そこから電車で河口湖へ着いたのは九時であった。

タクシーで湖の北岸を大石村まで走って、そこから歩き始める。うら枯れた桑畑のあいだの道はおそろしく寒かったが、次第に爪先上りになり、大石峠の電光形の急坂にかかると、あえぐ息で汗ばんできた。

二時間半で峠の上に着く。枯草に腰をおろして弁当をひらいた。真正面は富士山、これから三日間、あたりの山と比較を絶して高く大きいこの円錐形を、飽くほど眺めることになる。

峠から尾根伝いで節刀《せっとう》ヶ岳へ向う。左手に谷を距てて、黒々した岩山は十二ヶ岳、それに続く丸い草山は毛無《けなし》山である。尾根道には切れ切れに雪が敷いていた。

節刀ヶ岳の頂上に立つ。立木に囲まれた狭い頂で、まず今日の目的を果した祝いにビールの栓を抜いた。河口湖の彼方に、御正体《みそうたい》山、石割山など、道志《どうし》山塊の山々が、白い寒雲の下に連なっていた。

すっかり葉を落した灌木の尾根道を進んで、次は鬼ヶ岳。鬼の角のような岩柱があるだけの、あまり品のない頂上だが、見晴らしはよかった。

おそらく読者には聞き慣れない山の名ばかりであろうが、富士裾野の北側を画する山脈を、私たちは歩いているのである。一七〇〇メートルを越えているから、山としては低くないのだが、何しろその二倍の富士山がそばにあるものだから、目立たない。おまけに冬である。こんな山を物好きに選ぶのは、さんざん道楽したあげくのげてものの漁りのたぐいで、おかげで人ひとりに出会わぬ静かな山歩きであった。

鍵掛《かぎかけ》峠まで尾根伝いで、そこから急な坂を根場《ねんば》まで下るうちに夕暮れた。眼下にひっそりと西ノ湖。俗化をたどる富士五湖の中で、この湖だけが純粋を保っている。根場には宿屋がないので、ある民家に泊めてもらった。年数を経た柱も梁《はり》もガッチリと太く、これが「家」というものである。これに比べて、都会のわれわれの住みかは、単なる人間の容器にすぎない。

どっさり火を入れた炬燵の上で、「大和魂」と銘のある一升ビンをあけた。いい気持に酔って、一九六二年から六三年へ白川夜船で通り抜けた。

元旦。一点雲なき日本晴れで、おまけに眼の前に遮るものなく、日本一の山がその全き形で立っているのを仰いでは、いかにヘソ曲りの連中でも、新春を言祝《ことほ》がざるを得なかった。村の人たちが小さな注連《しめ》を持って、小高い氏神へ参拝に集まってくるのも、さわやかな風景であった。

一番のバスで風穴まで出る。そこの茶店で本栖行のバスを待っていると、炬燵にいたどてらの男が、朝飯前の一と稼ぎに、自動車で送ってやろうと、どてらのままで運転台に乗った。

おかげで快速に本栖湖に着いて、湖畔の道を歩き出したが、物凄い寒風である。やっと山陰に入るまでは、顔も手も凍るかと思われるほど酷しかった。

今日の目標は雨ヶ岳である。一七七二メートル、昨日の節刀よりも高い。湖のきわまで迫った山の裾を一時間ほど辿って、ガラガラした沢の展けている所へ出た。その沢を登って、竜ヶ岳と雨ヶ岳の間の鞍部に取りつき、そこから頂上へ行こうという予定であった。

ところが初め沢に沿って、伐採か何かの道があったが、やがてわからなくなった。何しろ非流行の山であるから、指導標などもちろんなく、ハッキリした登山道もないらしい。さんざん尋ねあぐねて、がっかり、また元のところへ戻った。

見ると、湖畔の向うに建物がある。道を訊くためにそこまで行くと、それは児童の厚生施設であった。冬だから閉めきってある。番人の男が、雨ヶ岳ならこの裏の仏峠へ登って尾根伝いに行けばいい、と教えてくれた。

仏峠経由は地図で見ると大ぶん迂回になるが、それに従うことにした。枯すすきのしょぼしょぼ立っている原で、昼めしを食べると、凍えるように手がつめたかった。じっとしていると寒いが、峠の急坂にかかると、上着を取りたいほどあたたかくなる。仏峠、このやさしい名前の峠は、古関村の方へ越しているが、乗物の発達した今日では、滅び行く峠の一つに違いない。峠の上で一服してから、南へ向って尾根をたどる。急な登りがすむと、幾らか平らな灌木の原に出、そこからまた尾根伝いで、いくつかのコブを越える。地図では、せいぜい等高線二本か三本の突起だが、歩く者には全くの邪魔ものである。せっかく登って、また下るというのでは、たとえそれが二、三十メートルであろうと、疲れた時には莫大な損失である。これでおしまいと思った登りが、その上にあえぎながら立つと、行手にまた別の登りが控えている、という時ほど、山が憎く見えることはない。

最後のコブを越えて、いよいよ正真正銘の雨ヶ岳への急坂を見あげる鞍部に到着した時、時間切れという声に誰も異存はなかった。午後三時、短い冬の陽はもう傾いている。無理をして遭難するほど、私たちは勇猛果敢ではない。あっさりあきらめて最終のコブへ登り返し、その頂の茂みの中で、罐ビールの乾杯をあげた。液体はこの上ないうまさで咽喉をうるおした。下戸の冥利に尽きる思いであった。

今日は元日、どこのスキー場もゴマを撒いた人であろう。冬山と目ざされる山も、ピッケルやキルティングの物々しいいでたちの登山者で混みあってることだろう。しかるにわれわれは人影もないうら寂びた山の中をゴソゴソ歩いている。ボサにうもれてビールを飲んでいる。変った人たちだと見られても仕様あるまい。

帰途は、平らな灌木の原まで引返すと、直接湖畔へ下る道があったので、それを採った。本栖村の近くまで帰ってくると、富士山の西側が真赤に染まって、その色が次第に灰色に褪せて行くまでの美しさは格別であった。

本栖の旅館は夏向きだったので、私たちはお婆さんの炬燵の部屋を夕食に借りた。村さんの二世は夕方帰京したので、三人の六十男だけで炬燵を囲んだ。村さんは飄々《ひょうひょう》たる酒客で、酒の伴わぬ山登りなど、山登りではないと心得ているふうである。

お銚子が尽きてウイスキーになった。村さんと私とが中学生の頃愛唱した四高の寮歌を繰返し合唱するに及んで、不二さんはあきれて二階の寝床へ引きあげた。あとの二人はどうして寝床へ帰ったか、よくおぼえていない。翌朝眼がさめると、湯タンポが布団の外へ蹴出されていた。

一月二日、今日は大方山《おおかた》へ登る日である。朝七時のバスに乗り、朝霧高原でおりた。富士の西の裾の茫々たる原である。頼朝が巻狩したのも、仁田四郎が猪の尻に跨がったのも、曽我十郎五郎の兄弟が工藤祐経を討ったのも、みなこの原の続きであった。間遠《まどお》ノ原という名が昔あったそうだが、いつ朝霧高原に変ったのであろう。夕日ヶ峰、白樺湖など、近頃の名づけかたは、少女におもねりすぎるようである。

その原をトボトボ横切って麓（固有名詞）へ着く。名の通り大方山の麓の部落である。すぐ登りになる。谷川を離れると、すっかり伐り払った山腹に崩壊留めの柵が幾段も築いてあるところで、道がわからなくなった。やっと尋ねあて、大方山から南へ伸びた尾根上の地蔵峠へ登り着いた時は、正午すぎていた。

峠の叢に、一つの面に二つの地蔵を並べて彫った、小さな古びた石が立っていた。これも滅び行く峠であろう。そこから大方山までの尾根の登りは、まことに辛かった。この山は一名毛無山とも言い、かなり知られた山だけあって、数組の登山者に出あった。頂上には薄く雪が敷いていて、山小屋があった。展望を楽しみにしていた南アルプスはあいにく雲で見えず、晴れ続きだった富士山も、頂のあたりに雲をまとってきた。

頂上を辞して、下部《しもべ》へ下る分岐点で尾根を離れる。富士の見納めである。彼女は私たちを嘉《よみ》して暫く雲を脱ぎ、縦に一本深く大沢を刻んだ西面の雄大な姿を見せてくれた。

湯之奥という部落へ着いた時は暗くなっていた。村の坂道に沿って流れる潤沢な水が、夜目にも清冽であった。電話で頼んだタクシーが来ないので長い夜道を歩き、下部の近くでやっと車を捕えて駅に着く。電車で甲府へ出たが、混雑した夜行に乗る気がしないので、不二さんの友人の家へ押しかけて泊めてもらう。甲州葡萄酒の有名な醸造元さど屋である。御主人はスキーに出かけられて留守であったが、奥さんの厚いもてなしを受け、ヨーロッパ土産の上等のブランデーを御馳走になった。

よき山を下りて、よき酒を酌む。私はさど屋の記念帳にそう記した。

雪白き山

とある朝、山の頭が白くなっている。四季の山の眺めで、最初の新雪が降った時ほど、新鮮なものはない。時雨模様の一夜があける。表へ出ると、見慣れた緑の山が、白い雪をかぶっている。あッと声が出るほど、清新な感動である。

根雪になるまでには、その初雪は消えてしまうが、平野はこれから秋たけなわになろうとしている時、すでに山上では冬の始まりかけている警告である。根雪におちついてしまうと、その頭の白はだんだんと下の方へ領分をひろげてくる。そして全山雪におおわれるころ、冬山とスキーのシーズンが始まる。

日本の山は高さにかけては論ずるに足りないが、海洋風の影響を受けて湿潤の気候にあるから、降雪が多い。一たん雪を被ると、どんな平凡な山でも見違えるほどたけだけしく立派になる。北海道、東北は言うに及ばず、四国、九州の山まで雪が積る。鹿児島からはるか南にある屋久島、そこの山へ私が十二月に登った時も、頂上付近は雪を踏んだ。

　わが国の絵画や詩歌が、どれほど雪をかぶった山を賞賛したか、例をあげるにたえない。白妙のない富士山は絵になり難い。四国の石鎚山は、「海原に　立つ白雲と見えつるは　伊予の高嶺の　雪にぞありける」と古い歌にもうたわれている。平重衡が一ノ谷合戦で捕えられて鎌倉へ護送される途中、東海道の安倍川の近くまで来ると、北に遠ざかって雪白い山が見えた。あれは何という山かときくと、お供の者が甲斐の白根と答えた。重衡は落ちる涙をおさえながら、「惜しからぬ　命なれども　今日までに　つれなき甲斐の　白根をも見つ」と詠んだことは、『平家物語』の中の哀切な一章である。傷心の彼に、遠くの雪白い山が切実にひびいてきたのであろうか。

　わが国の山は大てい冬は雪をおくが、その代表とも言っていいのは、加賀の白山であろう。私はこの山を真正面に仰ぐ町に生れて、そこで育った。秋のなかば、すでに冬の近づきを知らせる雪を光らせてから、シベリアの北風をまともに防ぐこの山は、晩春から初夏にかけて次第に斑ら雪となって消えるまで、一冬のあいだ一点の黒も留めぬ純白におおわれる。これほど完全に白くなる山を、私はほかに知らない。

　昔、みやこの人が心細い旅をつづけて北陸路に入り、この純白の山を眼にした時、その驚嘆の声がそのまま山の名になった。越のしらやま。白い山と呼ぶよりほかかなかったのであろう。「越のしらやま」は京の噂にのぼり、たくさんの歌が作られた。「しら山の　名にあらはれてみこしちや　峰なる雪の　消ゆる日もなし」「み雪ふる越の白山行きすぎて　いづれの日にか　我が里を見む」

白山の雪をわざわざ京まで取りよせる話も、『枕草子』に出ている。

白い山と呼んだ例はわが国だけではない。アルプスの最高峰モン・ブランも、モンは山、ブランは白、そのものズバリの白い山である。まだアルプスの登山が今のように盛んでなかった一〇〇年前に、ジョルジュ・サンドは次のようにこの山を讃えている。「雲のたなびくはるか彼方に、モン・ブランは白銀の冠をいただき、黒々とした岩の帯を見せていた。その夢のような風景は虚空にゆらめいているようであった。」白い山の持つ魅力は東西とも変ることはない。

アフリカの最高峰キリマンジャロも「白い山」の意であると聞いた。ましてヒマラヤに「白い山」のないわけはない。八〇〇〇メートルを抜く高峰で、何度も登山隊を退けたダウラギリ。その名はサンスクリットで、ダウラは白、ギリは山、文字通り白い山である。

この山を初めて眺めた日本人は河口慧海であった。今から六十五年もむかし、この豪胆な僧は単身ネパールからチベットへ潜入しようとして、ヒマラヤを越える峠にさしかかって、この山を見た。「あたりにそびえている群雪峰はたがいに相映じて宇宙の真美を現わし、その東南に泰然として安坐せる如くそびえている高雪峰は、これぞダウラギリであります」その荘厳な姿を、彼は尊い仏にたとえている。

白い山をたたえる気持は、人間が太古から受けついできた素樸で根強い魂かもしれない。白い山の多い日本は幸福な国である。そしてその雪山の潔白と清浄さを、わが国民は精神の中に吸収しているのであろう。

白馬山麓

昨年（一九五八年）の正月は信州の佐野坂という新しく開かれたスキー場へ行った。大町で乗換えて、客車二輛の汽車が青木湖のほとりを過ぎると、南神城という形ばかりの小駅がある。そこで降りると、すぐ近くに佐野という部落がある。私たちはその佐野の民家を宿にして、スキー場へ通った。

大町以北、すなわち、鹿島槍岳から白馬岳に続く北アルプスの山麓は、たまたま都会からやってくる登山者にとっては、このうえない美しい、うらやましい土地なのだが、そこに住みついている人々には、天産物の恵みの薄い、気候の酷薄な、希望のない土地であった。先祖から受け継いだわずかの田畑を守って、細々と暮している状態であった。

ところがそれが変った。このやせた地方に、思いがけない天産物があった。それは雪である。今まで一番厄介物扱いされた雪が、今や一番大事な資源となった。

最初にそれを実証してみせたのは、白馬のふもとの細野部落であった。細野には白馬登山のガイドが住んでいる。山の好きな連中が、冬に細野のガイドの家へ泊って、スキーをやってみたのが最初である。スキーで遊ぶのにこんなにいい所はないことを発見した。なにしろすぐうしろに北アルプスの雪の山をひかえているのが、大きな魅力である。

細野スキー場がだんだん世に知られてきた。はじめは好意で宿を貸していた素樸な民家も、次第にそれが割のいい商売であることをさとってきた。スキー場の名のあがるにつれて、すべての農家が臨時の宿屋に早変りするようになった。農家は、都会のお客がおうように落していった金で、夜具を新調し、ふろ場を作った。細野は裕福になった。

それを見た近在の寒村は、黙っていなかった。それらの部落もまたスキー場としての名乗りをあげ、民家は宿屋の代用をつとめて、それまで長い冬の間無為に過していた農村が収益をもってよみがえるようになった。

現在では、白馬山麓のほとんど全部の部落が、スキー客を迎えるようになった。それでも年ごとにふえるスキーヤーを収容しきれないほどの盛況である。

今までスキー場として地勢が不利だとあきらめていた佐野部落も、この盛況を見て、村会を開き、挙村一致、新興スキー場として出発することになった。それが昨年の正月である。村から三十分ほど上ったところの山腹をきり開いて、ともあれ一通りは滑れるゲレンデを作った。リフトには手が及ばない。ロープウェーを急造したが、昨年正月にはまだ動かなかった。

こうして新しく開業したスキー場へ、私たちが最初のお客として乗り込んだ。朋文堂のスキー学校の一部がここで開かれることになり、どこも満員で行く所がなくて困っていた私たちはそれに便乗させてもらったのである。

大みそかの晩、特別仕立てのバス数台に分乗して、東京を発った。バスに取りつけたラジオで除夜の鐘を聞いたのは、軽井沢だった。暗い中をもう新年の参拝に行く人の群れがゾロゾロ動いていた。長野へ廻り、峠を越えて、大町に着いた時は、もう夜が白々明けていた。そこから超満員の汽車に押しこまれて佐野へ行った。

私たちの宿は大きな農家だった。何しろはじめてのことでサービスの仕方が判らないと、宿の主人は恐縮したが、しかし素樸で、親切で気持のいい待遇であった。客に敬意を表してわざわざ遠方からのサシミなど膳につけるから、土産《どさん》のものの方が結構なのだと教えると、手打そばやトロロをうんと作ってくれた。そのトロロイモのうまさには皆感嘆して、何度もお代りをした。

十二畳の座敷に、私たち十人あまりの人間が詰めた。スキー学校の先生の三浦敬三さんや佐藤浄さんも同室だった。二人とも東北の人なので、コタツを囲む歓談には、東北の山やスキーの話がしばしば出た。夜はそのコタツを中心に、一ダースの人間が放射線状に寝た。

正月中の晴れた一日、私たちの仲間だけで細野まで行ってみたが、さすがここは白馬山麓のメッカだけあって、その賑やかなことにはおどろいた。かつては貧村だったのに、コンクリートの旅館さえ建ち、わらぶきの農家の一部を改造して、店など開いている。宿も満員、スキー場も満員、バスも満員。

こんな大繁盛ぶりを、ドンランな東京の大資本家が放っておくはずがない。今年から、細野から北アルプスへ上る八方尾根に、日本第一というリフトが新設されたそうである。五島慶太の事業だそうだが、今後の白馬山麓のスキー場はいよいよ隆盛になってゆくだろう。

十二支の山

京都大学学士山岳会の創始者今西錦司君を、ある人は「探検魔」と呼んだが、誇張ではない。戦前カラフトや冬の白頭山に行き、戦時中は内蒙古を調査し、戦後マナスルやカラコルムを探り、近年はアフリカへ出かけている。そのいずれも彼が音頭取りであった。

海外の山へ行った人は、とかく日本の山を軽視しがちだが、今西君は、忙しい暇をぬすんでは、内地の山を歩いている。彼と出あうといつも山の話になる。

今西君は同好の士を誘って、十二支の山へ登る会を作っているそうである。十二支の山というのは、例えばことしはタツの年だから、タツという字のついた山へ登るというのである。十二支の最初のネから始めて、ウシ、トラ、ウ、タツのことしに及ん

だそうである。十二支にはどんな山があるか、私の思いついたものをあげてみると、

子（鼠）――

丑（牛）赤牛岳、牛尾山

寅（虎）虎ヶ峰、虎御前山

卯（兎）兎岳、烏兎ヶ峰

辰（竜）五竜岳、竜王山

巳（蛇）蛇ヶ岳、蛇園山

午（馬）白馬山、鞍馬山

未（羊）後方羊蹄山

申（猿）猿投山、猿ヶ馬場山

酉（鶏）鶏頂山、鶏冠山

戌（犬）犬伏山、犬ヶ岳

亥（猪）白猪山、猪ノ鼻山

馬や竜の字のつく山は、ほかにいくつも思いつく。困ったのは鼠である。いくら考えても出てこない。癪だから事典など引いてみたが見つからない。そこで子（ネ）で勘弁してもらうと、二子山、根子岳、二王子岳などある。今西君たちは何山へ登った

か聞きもらしたが、おそらく子（ネ）のつく山ですましたのだろう。

なお同君の会では、二つ以上の山があった場合は、その低い方に登ることにしているそうである。どうせこんな酔狂なことを思いつくのは、散々山登りをしたあとの老人たちにきまっている。楽な方を選ぶのは当然である。

羊にも困った。羊はオーストラリアか中央アジアのもので、在来の日本の家畜ではない。後方羊蹄山をあげたが、これも羊という字がはいっているだけで、シリベシ山と読む。後方をシリベ、羊蹄をシと読むのである。羊蹄と書いてシと読む例は万葉仮名にもある。

「その年には北海道まで行かんならんね」と今西君もいっていたところを見ると、羊の山はこのほかにはないらしい。

しかし、羊を未（ミ）におきかえれば未丈ヶ岳がある。ことし三月の末、越後の奥只見にあるその未丈ヶ岳へスキー登山に行った。宿からあんまり遠いので途中で引き返したが、こんな山を知っている人はあまりないだろう。

人のいない山

登山は運動会ではない。ぞろぞろ行列して登るのは、私の趣味にあわない。汽車を待つ行列も御免である。プラットフォームに何時間も坐りこむ辛抱は私にはない。土曜日曜の乏しい暇に山へ行こうとすれば、それも止むを得ないのだろうが、幸い私は休日以外の日も勝手に使える。

山登りは出発から爽やかでありたい。初めからゴタゴタでは、せっかくの清新の気がそがれる。腕章などつけて旗も立てまじき団体登山なんてものは、あれは山へ行く形式ではない。人を避けるのが私の方針である。

新春三日、どこへ行っても雑踏である。山も例外ではない。人の行かない場所を探し出すのは容易ではない。だが、ある。昨年の正月、私たちは山を歩いている間、一人の人にも会わなかった。

熊伏山、と言っても、知っている人は殆どないだろう。暇があれば五万分の一の地図を拡げて、どこか人の行かない山がないかと探しているヘソマガリでなければ、目につかない山である。高さ一六五三メートルなら、丹沢級である。よし、そこへ行こうということになった。

正月は家にいたって仕様がない。外へ出れば雑踏である。そこで無人の静かな山をほっつき歩こうというのが、この数年来の私たち仲間のしきたりであった。六十歳を越えて、そんな暇つぶしを喜ぶのは、ヘソマガリに違いない。

六十を過ぎた四老人（自分ではそのつもりではなくとも）が、一人の青年を加えて、豊橋駅前の大衆食堂でカツドンか何か食っているシーンから、この山行は始まる。大晦日の昼である。あさ家を出て、大した混雑にも悩まされずここへ着いたのだが、昼食を終えて乗った飯田線の混みかたはひどかった。何しろ大晦日である。何かしら世間の人は忙しいのだ。

汽車は山の中へ入って行く。長篠《ながしの》という駅を過ぎる。へえ、家康はこんな所でいくさをしたんだな、などと言いあっているうちに、車内はしだいに空いてきて、水窪《みさくぼ》という駅で下りた時には、もう私たちは閑日月の雰囲気にあった。

そこからバスがあった。これも終点の池島へ着いた時には、乗客は私たち以外にはいなかった。最奥の部落辰之戸《たつのど》まで、そこから歩いて上り道一時間足らずであった。

出発前、辰之戸を第一夜の泊りにきめた時、風聞によればそこには五軒しか家がない。もちろん宿屋はないし、民家に泊めて貰うにしても、夜具は揃ってはいまい。五軒の家に分宿するほかないだろう、米も持って行かねばなるまい、ということであったが、それは甚だしい認識不足であった。

開けた斜面に五六軒の家が分散しているのは事実であったが、私たちの杞憂は跡形もなく消えた。頼んで泊めて貰った家では、綿の厚く入った五人分の蒲団なんぞ何のその、電気洗濯機、電気冷蔵庫、その他こまごまの電気用品は私の家よりも豊富であった。おまけに酒はいくらでもあった。

その夜は飲んだ。酒仙の村さんと酒呑童子ヨシベーが揃っては、晩酌程度で片づく筈はない。一升瓶から薬罐に注いではあたためるのだが、それを幾度繰り返したことか。

明くれば一九六四年元旦。辰の年を辰之戸で迎えるとは縁起がよい。八時二十分出発。青崩峠《あおくずれ》まで僅か一キロくらいの登りだが、まだ顔に赤味の残っている二日酔いで辛かった。しんがりの不二さんが「まるで酒屋の店先を歩いているようだぜ」と言ったから、よほど私たちの発散するアルコールの余燼は強かったらしい。

青崩峠は遠州と伊那を結ぶ秋葉街道の国ざかいで、海抜一〇三二メートル、むかし伊那から遠江の秋葉山へ参詣する人で賑わったらしい。しかし今は街道とは名のみで、夜逃げでもしなければ、もうこんな山道を通る人もあるまい。峠の上に苔むした小さな石碑があったが、風化して文字は読めなかった。

名は体を現わす、峠の反対側は凄いガレになって崩れていた。谷底まで一気に薙ぎおろしている。これからの私たちのルートは、そのガレの上縁すれすれの所を通って、国境稜線を西へ登って行くのである。

片方はガレ、片方はブッシュの間に、僅かに踏跡らしいものの認められる急な登りで、ようやくその崩れと別れる個所まで喘ぎながら登りついた時には、すっかり酔も消散していた。尾根が北へ曲ってから、幾らか平らになり、薄く雪の敷いている所もあって、道は長かったが、ようやく熊伏山の頂上に着いた。峠から三時間半かかった。

測量の櫓の残っている下で、罐ビールをあけて祝杯。薄曇りであったが、寒雲の間に南アルプスが見えた。遠くの白い頭は仙丈、近くのそれは光岳《てかり》、元旦の山の眺めは申し分なかった。

下山には、頂上からすぐ西へおりる道を天竜川へ向ったが、これが急坂続きで、膝がガタガタこわれそうになる頃、ようやく谷川へ辿りついた。暮れかけた道を急いで、平岡（満島《みつしま》）の町へ出た時は、すっかり暗くなっていた。電気店を兼ねた宿屋に泊った。また酒になったことは言うまでもない。

翌朝早く、一番のバスに乗るため外で待っていると、店屋の並んだその通りは、初売りの風景であった。晴着のおかみさんや子供たちがあちこちの店で、景品づきの買物をしている。手に持てないくらいの品物を抱えこんだ婆さんもいる。田舎のお正月らしいムードであった。

用件のため先に帰宅する加和さんとここで別れて、私たちは上町《かみまち》行のバスに乗った。昨夜は暗くて見えなかったが、ダムで堰きとめられた天竜川は、このあたりで湖のように広くなって迂回している。トンネルの多い飯田線がそのふちを走っていた。

バスは天竜川から離れて、遠山川に入る。私の好きな川である。いかにも遠い深い山から流れ出てきたというようなおもむきをそなえている。荒々しい山間の長い旅を続けて、いささか疲れて物憂げにさえ見える川のさまであった。

バスをおりた上町は、古い家々が狭い道をはさんで並び、昔の秋葉街道の宿場らしい名残りをとどめている。飯田線が通じない前は、旅人は皆ここを通ったのである。伊那から小川路峠を越えて、上町へ出、それから青崩峠を越えて遠江へ至った。

私たちは上町からその小川路峠へかかった。おそろしく寒い。寒さをのがれる唯一の方法であるかのように、私たちは息をせきながら、急ピッチで坂道を登った。やっと陽のあたる所へ出て、身体にあたたかさが戻ってきた。

上町から伊那の最初の部落へ出るまでの峠みちで、昨日と同様、私たちはひとりの人にも出あわなかった。見晴らしのよい峠の頂上には、地蔵さんが並んでいたが、それはもはや昔のモニュメントにすぎなかった。そんなに古いことではない。私が三十年前、この峠を通った時には、まだ人の往き来があり、途中の汗馬《かんば》沢という所には茶店があって、そこで昼弁当を使ったことをおぼえている。

鉄道が通じてから、ほぼ一日がかりのこんな峠みちを歩く人はなくなったのだ。汗馬沢の茶店は跡形もなかった。全く長い山越えであった。道は山の間をうねりながら通じていた。しかし高い所からは、東には南アルプスを、西には木曽駒連峰を、いずれも新雪に輝く姿で眺めて、山の好きな私たちには、印象の深い峠みちであった。亡び行く峠には、一種の哀愁があって、それがわれわれをロマンチックにするのかもしれない。

伊那の部落へ出た時にはもう暮れていた。宿屋を尋ねたがない。飯田市までバスでわけなく行けるこんな所には、宿屋は成り立たないのであろう。だが山旅に出て、都市の旅館に泊るなんて法はない。

むかし宿屋をしていたことがあるという小さな中華料理店を教えられて、そこへ頼んで泊めて貰った。隣室で、若い男女の花やいだ声が高かったのは、新年で帰省した高校時代の仲間の集まりであった。その騒ぎが引上げたあとは、静かな宿になった。

宿のあるじは実に気のいい婆さんで、スキ焼を註文すると、牛肉、豚肉、鶏肉を取りまぜ皿に山盛りにして持ってきた。野菜を頼むとこれも山盛り、豆腐を追加すると、これもまた山盛り、あとで豆腐屋も兼ねていることがわかった。

私たちはたらふく食った。これが牛鍋の本来の姿である。東京で一人前千円もして、あの見てくればかりの、実質に乏しいスキ焼は、あれは牛鍋が都会化して衰弱した形である。部屋の欄間に軍服姿の兵隊の写真が飾ってあった。お婆さんの戦死した息子であった。

翌朝は、まだ歩き足りないように、天竜川のふちまで歩いた。駄科《だしな》という所へ出ると、天竜川はそこで急に窄《すぼ》まって、そこから下流が渓谷になっていた。私たちは高い橋の上に立って、青い流れを見おろしながら、この山旅の終りを惜しんだ。辰野へ出て、乗換えの一時間を待つ間を、そば屋のあたたかい炬燵へ上りこんで、熱燗で最後の乾杯をした。よく歩き、よく飲んだ、新年三日の楽しい山歩きであった。

遭難

山の遭難があると、よく新聞社や放送局から私のところへ電話がかかってくる。私は一さいそれには答えないことにしている。世の中に何か事件がおこって新聞に大きく取扱われると、きっとその後に知名の士の談話が出る。滑稽なしきたりで、そんなわずかのスペースで意がつくせるわけではないから、大ていはお座なりのアクセサリーである。

山の遭難にはさまざまのケースがあるから、それに対する意見は、よく事情を知った上でないと出てこない。新聞のアクセサリー的談話はきまっている。天候に気をつけよ。装備は充分に。危険とみたら引返せ。その他かずかず。

それはもう百万べんも聞かされている。そんな注意は山の本には大てい書いてある。何も知名の士の御登場を願うには及ばない。欲しいのは、もっと詳しい分析と批判である。それがあまり成されていない。むろん私の分際ではない。

山での死は自動車事故の死と、死という点では変りはない。しかるに前者が興奮的に扱われるのは、登山というものが「無用のあそび」だからだろう。その無用のあそびに、金と時間と精力を傾けているからだろう。みんな言う、あたら命を、と。

あたら命はみな同じである。交通事故も、ノイローゼの自殺も、このごろあまり流行らないが愛する人との心中も。しかしそれらの死は何とかあきらめがついても、登山の遭難だけは、避けようと思えば避けられるのに、そんな無用なあそびで死ぬから、とくに「あたら命を」という気がするのであろう。

私は山登りが好きだから、あたら命をなどと考えたことはない。悼む心はあっても、惜しいとは思わない。好きな山で死んだのだから、まあ仕様ないさ。永遠の臥床《ふしど》とするにはいい場所だ。もし私が山で死んだら、そんなふうに思っていただきたい。ゆめゆめあたら男を、などと言ってほしくない。

当人はそれでよくとも遺族をどうする、という声がある。子供を失った親の嘆きに甲乙はあるまい。遺体の捜索が遺族にかける費用の大きさを言う声もある。道楽息子を持ったおぼえのない人だろう。

どんなに遭難予防方法が講じられ、教訓や知識が行きわたっても、山の遭難が皆無となることは絶対にない。安全ときまれば、そんな境地を抜け出して、より危険率の高いところへ向おうとするのは、登山者としては当然である。

避け得られぬ遭難はないというのは、合理的には真実かもしれないが、登山は合理主義だけでは律しられない。何もかも計算ですんだら、登山とはさぞつまらないあそびになるだろう。何が待ちかまえているかわからないところに、大きな魅力がある。

登山とはもともと冒険である。それを合理の裏づけによって、一つ一つ乗切って行くことは肝要であろうが、大自然は人間の合理主義よりは上である。そこにリスクがある。

遭難の多いのは日本の山だけでなく、外国でも年々増加しつつあるという。昨年の暮、ドイツのある山岳雑誌が遭難特集号を出した。その中に興味のある表が載っていた。登山史に残る著名な物故登山家百名を選んで、彼等がどこで死んだかをしらべたものである。

その中には、チンダル、ウィムパー、マロリー、ソーシュールなど、われわれが山の本でおなじみのほとんどの登山家が載っている。その百名のうち四十四名が山で死んだ。

フランスにG・H・M（高嶺会）と呼ぶ高度の登山グループがある。フランス人のみでなく、各国の優秀な登山家が入会している。その物故会員百二十二名のうち、何と五十五名が、アルプスで、アンデスで、ヒマラヤで、死んでいる。今度の大戦での戦死者七名、それらを除くと、普通の死に方をしたのは約半数である。

山の遭難を賛美するほど愚かな私ではないが、山登りとは、初心者に限らず、経験の深い者にとっても、かくも危険率の高いものであることを申しあげたい。遭難予防のもっとも確かな方法は、そんな危険な所へ出かけないことである。

高峰と草津

昨年（一九六一年）は三度スキーに出かけた。

最初は、正月七日が過ぎて、決死的な混雑もどうやら収まったろうと思う頃、信州の高峰へ行った。決死的という形容は大げさではない。私は二、三年続けてそんな目にあったからである。それ以来新年はスキーに出かけることはやめた。勤めを持つ人には正月休みは大事であろうが、自由職業の私は遠慮して、一人でも混雑を減らした方が世のためと思っている。

いや、そんな特殊な心がけからではない。スキーでも山登りでも、私は人混みが嫌いなのである。出来るだけ人間にはあいたくない。ところが終戦後は、殊に近年は、よほど不便な山奥へでも行かなければ、そんな無人境は残されていない。たとえそういう場所を探しあてたにしても、行き帰りの汽車が大変である。文明の発展とはますます不便になることのようである。

高峰スキー場は初めてだった。電車の中の吊下げ広告で見た覚えがあったが、別に気も引かれなかった。そこへ出かけることになったのは、私の年若い友人O君の誘いによる。O君が何もかもお膳立てをしてくれて、不精者の私はただ彼のあとについて行きさえすればよかったからである。

二人は朝上野を発って、昼ころ小諸へ着き、そこから高峰スキー場へ行くバスに乗った。全く雪がない。これで滑れるのかしらと思っているうち、菱野温泉を過ぎるあたりから、やっと道に薄く雪が敷いていた。バスは次第に登り、車坂を越えた所で終点になった。一九六八メートルの高度を持つこの峠は、もう高峰スキー場の一部である。終点の茶店から一滑りでロッジに到着した。

私のような戦前派から見ると、スキー場も変ったものである。スキーヤーの服装も派手になったが、それを収容する宿舎も、昔の重くるしい旅館風から近代的な明るい建築に変ってくるのは当然だろう。新しく出来たこのロッジもハイカラな建物で、その形と言い色彩と言い、その前面に落葉松の立木を配した工合と言い、離れて眺めると、ちょっとお伽話に出てくる館のような感じである。

スキー場が花やかになった一つの大きな原因は、リフトが普及したことだろう。労せずしてわれわれを高い地点まで運びあげる機械力は、怠惰な都会のオシャレ階級をスキー場へ誘うことになった。先日遊びに来た登山用具店の主人の話によると、今冬は二万円も三万円もする輸入のスキーが、わが国で約六千台売り切れたということである。

高峰スキー場のリフトは、少し前機関室が焼けて運転休止になっていた。そのためお客がうんと減ったとロッジのマネージャーはこぼしていたが、少しでも人の少ないことは私にとっては幸いである。スキーを登山の手段と心得てきた、そして今でもそう心得ている私には、リフトはそれほど有難い存在ではない。

ロッジへ着いたのは午後三時頃で、それから夕方まで近くのスロープで遊んだ。このスキー場の第一の長所は、その標高である。二〇〇〇メートルの高度を持つスキー場はそうザラにはない。しかも東京から割合近く、現場まで乗物で行けることも大きな特典であろう。怖ろしく寒い代りに、雪質はすばらしい。私のような下手な者でも得意になって滑れたのは、雪質のおかげである。

ロッジの食堂で、久しぶりに猪谷さんにお会いして、一緒に夕飯を食べた。スキーの天才児千春君を育てあげたこの老スキーヤーは、七十翁とは見えぬ元気で、今なお雪の上の精進を続けておられる。ここで猪谷スキー学校を開いて、組織的で能率的な指導に当っておられる。

翌日は朝から雪降りであったが、O君と二人で高峰山へ登った。車坂の峠の上でシールをつけて、木立の多い稜線を辿って行った。振返ると、浅間の黒斑山の、名の通り真黒な森林の上に、真白な細かな雪がカスリのように斜めに降りそそいでいるのが美しかった。大した登りでもなかったが、それでも一つの頂上に立つということは、何と快いことであるか。

第二回目は草津だった。これも友人に連れられて行った。俳人の上村占魚君は草津に懇意の宿屋があって、かねてからそこへ私を誘っていたのである。私たち夫婦のほかに、歌人の吉野秀雄さんも同行した。二月の半ばであったが、朝上野を発った日は、快晴のあたたかな天気で、汽車の窓から、遠くの雪の山々があざやかに見え、山を眺めることの好きな私を有頂天にさせた。

この俳人も歌人も雪見物が目的だったから、草津に着いて、雪の中に盛んな噴煙をあげている湯畑の壮観に満足して宿に落ちついてしまったが、私たちは夕方までの暫くの時間を、真似ごとでも一滑りしないことには収まらなかった。スキー場から真正面に見渡す山々の中に、一きわ高く大きいのが武尊岳《ほたか》だけであった。かつて家内を連れて登ったことのある山なので、彼女は見つけものでもしたように喜んだ。

翌日は雪降りの中を一同でスキー場へ出かけた。占魚君も吉野さんも借り物のスキー靴、スキー帽に身を固めたものの、スキーを持たない。ともかくリフトで一番上まで行って、景色を眺めて、またリフトで帰って来ようというのである。戦後の草津スキー場は私に初めてであったが、ここのリフトの長距離には驚いた。途中で乗り継いで殺生小屋まで行く。しかもその上になおゴンドラがあって、居ながらにして、白根山の下の弓池のあたりまで連れて行かれる。まず一種の空中旅行である。足下を見おろすと、雪をかぶったシャクナゲがもう春の芽の用意をしていた。

ゴンドラに乗ったころから雪は激しくなってきた。終点に着いたものの、眺望どころではなく、茶店で熱いお汁粉など飲んで休んでいるうちに、ゴーゴーという風の音が強くなり、ついに吹雪になった。スキーヤーたちはそこから長い滑降に勇み立って、つぎつぎと白い中に消えて行った。その中に私も加わったが、あわれスキーを持たぬ連中は途方にくれた。あとで話を聞くと、風速十七メートルに達し、これで最後というゴンドラにやっと乗せてもらったが、殺生小屋からのリフトはすでに休止となっていた。ゴンドラの終点から目と鼻の殺生小屋にたどり着くのがやっとで、小屋の二階で簡素な昼食をとりながら、俳人と歌人は「雪しまくですね」「ここには泊れるのでしょうか？」など不安げだったそうだ。やっと少し衰えるのを待って徒歩で下ることになったが、吉野さんにはスノーボートの用意をせねばならなかった。昔はお棺をフネといったのだそうである。吉野さんは生きながらそのフネに仰向けに寝かされて下った。

上からすべり下りて下のゲレンデで待ちくたびれている私の前に、彼らが現われたのは夕方に近かった。このちょっと遭難めいた体験で晩さんはにぎやかだった。

翌朝は静かに晴れた。午後おそい汽車で帰る予定なので、私たちはまたゲレンデに出た。私は宿の若主人といっしょに、へたな家内は若奥さんに連れられて初心者コースへ、夫婦それぞれ技量に応じたスキーを楽しんだ。若主人はスキーの熟練者で、数人の同志と共に滑降回転の研究をしていた。長身の彼は実にみごとなフォームですべり、それを見ているともう私などスキーに上達しようなどという野心はなくなる。彼は私の旧式な滑りかたをながめて笑いながらいった。

「拝見していると私のオヤジを思いだします」

弟さんたちもいずれ劣らぬ熟練者ぞろいの中で、占魚君の親友である弟さんだけがスキーの代りに草津の観光開発に熱心で、その遠大な抱負を聞いていると、古い歴史を持ったこの温泉の今後の新しい発展が期待された。

第三回目のスキー行は、以上の二回に引きかえ、今度は自分で積極的に計画し、友を誘って出かけた。三月の下旬で、目的地を菅平に選んだのは、スキーで四阿山《あずまや》に登るためであった。同行は不二さんと山川君。山川君の運転する自動車で、自宅から菅平の民宿の家の前まで、一歩も費やさずに行った。

菅平スキー場には根子岳と四阿山の二つがそびえている。根子岳はゲレンデの延長のように多くの人が登るが、四阿山には殆ど行く人がない。私たちは悪天候のため一日を民宿のコタツで過してから、その翌日、宿望の四阿山登頂を果した。やはりスキー登山ほど面白いものはない。帰ってくると、リフトで賑わっているスキー場には、何の魅力も感じなかった。

山おんな

「美しい山の頂に美しい女性が立つのは、何と美しいことか！」とスイスのある詩人はうたった。たとえ山おんなと呼ばれようと、女性は美しくありたい。

ところが街ではおしゃれに余念のない若い女性でも、山の服装には無造作な人が案外多い。もちろん登山には、それに適した服装であらねばならぬという制約はあるが、だからといってただ無趣味な実用一点ばりでは、美しい山に対して失礼であろう。

日本には女人禁制といって、昔は女が山に登ることはできなかった。いや戦前でさえ山で女の人を見かけることはごく稀で、特別な注目を浴びたものである。ヨーロッパでは前世紀の末にもう女性登山家が少なからず現われたが、その最初はアンリエット・ダンジュヴィユというフランスのマドモアゼルで、一八三八年にモン・ブランに登った。大勢のガイドや人夫に伴われていたが、途中で物も言えないほど疲れ切り、ようやく意志をふるい起して頂上に立った。「いま私はヨーロッパの最高地点にいる。

私の上には真青な空しかない」彼女の喜びは無上であった。当時この登山は大きな評判になって、彼女の名声はジョルジュ・サンドのそれを凌いだという。

その時の彼女の登山姿が残っている。長い鳶口《とびくち》（まだピッケルというものはなかった）を持ち、裾の広い服を着けている。どう見たって登山に適した恰好ではない。便利よりもたしなみを重んじたのであろう。

しかしこの女性は特別な例として、ヨーロッパに女の登山家が次々と現われたのは、一八七〇年以後であった。それはおもにイギリスの女性で、彼女たちはアルプスのむずかしい登攀を幾つも仕上げたが、やはり服装には困ったらしい。とうとうスカートをズボンに替える決心をした。が、女性のたしなみとしてこれは容易なことではなかった。思案の末こういう方法を取った。麓を発つ時にはスカートを着けているが、山へ入ると、持ってきたズボンにはきかえる。そして下山の時再びスカート姿になる。

こんな笑い話が残っている。オーブリ・ル・ブロンといえば当時もっとも活躍した女性アルピニストであるが、彼女が山から降りしなに、スカートを避難小屋に忘れてきたことに気がついた。そこでガイドを麓のホテルへ、代りのスカートを取りにやらせた。ところがガイドの持ってきたのは、何と舞踏服であった。

山でズボンに替えたとはいえ、女性らしい美しさを保つための心遣いがあったに違いない。リチャードスン嬢がアルプスの針峰から降りてきて、出発の時の姿に帰ろうとしたが、ガイドがスカートを返してくれない。「その恰好の方がずっと素敵ですよ。まるで可愛いイタリアの兵隊さんのようだ」けっしてガイドのお世辞ではなかった。日本だって最初にズボンをはいた女性には、相当の決心が必要だったに違いない。女の人が服装に苦労と喜びを感じるのは当然だが、山行きにももっとその心遣いがほしいものである。おしゃれといっても、都会のウインドーに飾られるマネキンのような登山姿ではない。赤いベレがはやるから、自分もそれをかぶるというのでは、あまりに芸がなさすぎる。

もっと自分で発明工夫した美しい登山姿になってほしいものだ。新宿駅などに行列している女性登山者の、まるで申し合せたような同じスタイルを見ると、つくづく個性の欠乏を感じる。

美しい山の頂には、謙遜な美しい姿で立ちたいものである。近年は女性の登山者がふえて、どのパーティにも女性の加わっていないものはないほどだが、美しい山おんなであってほしいことは、私の願いであるばかりでなく、山に対するエチケットである。

焼額山

志賀高原の焼額山《やけびたい》、スキーで二度登った。最初はもう三十年ほど前、小林秀雄君と二人、発哺《ほっぽ》へ行った時だ。小林君はスキーを始めて間もない頃で、まだシールを持っていなかった。スキーの滑り留めに縄を巻きつけ、宿の番頭の案内で、二月の雪の降る中を出かけた。

このごろはもうすっかり風習が変ってしまったが、その頃は一日中ゲレンデで遊ぶということはなかった。必ずどこか近くの山へ行き、そこから滑って下るのが練習だった。

焼額の上まで三時間ほどかかった。頂上は広い平地で――実はそこに池があるのだが雪に覆われていて、その向う側の立木が一せいに樹氷をつけて、妙に寂寞とした美しさだった。小林君には「カヤの平」という、読むと誰でも噴き出す名文があるが、その紀行（？）はその焼額登山から数日後のことであった。

その次は戦後初めて志賀高原へ行った時（一九五六年）で、文芸春秋社の井上良君に誘われ、良さんのスキー仲間も一緒に、まず菅平で滑り、そこから須坂へ抜けて、志賀高原へ行った。発哺の上の高天ヶ原に文芸春秋社のヒュッテがある。そこへ泊った。

このヒュッテは、戦前やはり文芸春秋社の社員であった立上秀二君の尽力で建ったものである。おでこのテカテカ光った立上君には『雪艇弥栄《いやさか》』という著書もあって、一緒にスキーに行くと楽しい賑やかな仲間であったが、戦後間もなく亡くなった。良さんのグループがしこたま食糧を用意して行ったので、ヒュッテの夜は豪勢だった。現地仕込みの支那料理の名手がいて、脂っこいうまい御馳走を腹一ぱい食った上に、ふんだんにウイスキー、おまけに一升瓶をあけた。

二晩泊った翌朝、二組にわかれて、一パーティは熊の湯を経て横手越え、私は良さん等三人と焼額山を越えて夜間瀬《よませ》へ出ることにした。これは竜王コースと呼ばれて、戦前やはり立上君が「すばらしい滑降コース」として世に紹介したものだった。

その日はみごとに晴れた。澄み渡った青空に一抹の雲もなく、風さえなかった。一月の悪天候は、この一日のための代償にあるかと思われるほど、すばらしい天気であった。

ヒュッテを出て焼額へ登る途中、私に困ったことが生じた。貼りつけのシールが外れたのである。その年の初めてのスキー行だったので、私の道具試しは充分でなかった。一たん剥《む》けたシールは容易にくっつかなかった。

シール無しで登る辛さ。他の者がさっさとアザラシを利かして登るところを、開脚や階段登りで追いつく辛さ。皆は私を待っていてくれるが、私のスキーは遅々として進まない。

ようやく焼額の頂上に着いた。これから素敵な滑降が始まる。しかし私の意気は上らなかった。私の疲れはシール無しの登行ばかりでなく、ゆうべのアルコールの飲みすぎにもあった。途中で昼食になったが、私は何も食べたくない。

竜王山の登りで私はグンとおくれた。一行のブレーキになるばかりだから、私は三人に頼んで先に行ってもらった。一人になるとダラシがない。やたらに休んだ。純白の雪の上に引っくり返って、真っ青な空をただ眺めている。雪を載せた梢を払う風もなく、あたりはシーンとして、私独りぼっちである。

竜王から有名な六キロ以上の大滑降になるのだが、そして滑降には絶好の粉雪であったが、その楽しさを味わうには私はヘバリ過ぎていた。自分ながらみっともないくらい転ぶ。転ぶたびに疲労が増す。休む、滑る、転ぶ、その連続であった。

おまけに腹工合がよくない。数回下痢をした。冷たい空気に尻を曝しながら、雪の上にしゃがんでいるのは、何とも侘しい気持であった。

ああ、その下りの長かったこと！　滑降の長さを嘆くとは何ともったいない話だろう！　最初の部落へ下り着いた時はもう夕暮れていた。もうあとへイチャラと思ったが、そうではなかった。夜間瀬までの道のりが実に長かった。とっぷり暮れた道は、冴えた夜の寒気にカチカチに凍って、スキーのエッジが立たず、ちょっとの勾配にもよろめいたり転んだりした。いやというほど尻餅をついた時の痛さといったら！

夜間瀬へ着いたのは九時に近かった。折よく来た電車に飛び乗り、一度に張りつめた気がゆるんだ。長野駅で良さんが待っていてくれた。待合室のベンチに腰をおろしたまま、もう一歩も動きたくなかった。熱い牛乳を飲んだが、すぐに吐いた。良さんに介抱されながら松本廻りの夜行で東京へ帰り、自宅まで送ってもらった。

それから数日、寝はしなかったが半病人の態だった。酒も煙草も欲しくなかった。何の苦もなく一カ月ほど禁煙した。身体の成分が変化したのではないかと思ったほどだった。

昨年（一九六二年）二月、志賀高原の高天ヶ原へ行った。数年前何もない所だったのに、スキーの繁華地となっているのに驚いた。リフトが幾本もかかり、鉄筋の建物が並び、華やかなスキーヤーが群れていた。

そんな風景の点景人物となるのを好まない私たち三人は、さっさとスキー場を棄てて、寺小屋から岩菅山へ続く尾根を辿り始めた。尾根の背から少し下の所を捲いて行った。みごとな晴天で、スクスク伸びた立木が純白な雪の上に、縞を描いて影を落している。空気まで匂うような清浄な朝であった。

これが冬山だ、あの雑踏のスキーヤーたちの知らない境地だ、私たちだけの世界である。やがて前面に、梢を透して岩菅山が現われた。品のある立派な姿である。岩菅とその奥にある裏岩菅との二つの峰が、美しい調和を作って、その真白な円頂を青空にクッキリと浮べている、まだ遙かに遠く。しかしその頂上はもう手中にあるように思われた。

ヒマラヤの勇者のタイアン君が、雪の上でお得意の焚火をして、その傍らで昼食を食べた時には、まだ望みがあった。尾根伝いでは長すぎるという判断で、一たん谷へ下って向う側の斜面に取りつこうということになった。谷までの滑降は、均《なら》されたゲレンデのようなわけにはいかない。下手に転ぶと身体が埋ってしまう。時には棒ずり、時には跨制動と称する、ゲレンデ・スキーヤーのヒンシュクを買うような手段を使って、深い新雪の中を下った。

谷へ下ったが、さてそれからの登りのルートが判然しない。地図と地形を見くらべて案じているうちに、もう今日中に頂上へ行けそうもないことがわかった。冬山にはラッセルというものがある。夏山の数倍も時間を食う。私たちはそれまでにかなり暇をつぶしたのに、これからまだ長いラッセルの苦労を思うと、いさぎよく岩菅山は断念した。

帰りは雑魚川に面した夏道を探しあてて、それを下った。山腹をうねうねと辿っているので、長い長い道であった。大した勾配もなく続いているので、殆どスキーをつけて歩いて行くようなものだった。しかし不二さんの言によれば「あんなゴチャゴチャしたスキー場にいるよりは、この方がずっと楽しい」のであった。

近年はスキーヤーの質が違ってきた。昔はスキーに行くのは大てい山の好きな人で、汗を流してセッセと高い所へ登ったが、リフトがその労を省くようになってから、スキーは質実剛健から贅沢華美になった。以前は高天ヶ原から岩菅山や焼額山へ行くパーティが必ずあったものだが、もうそんな苦労を誰もしなくなったようである。

旧派スキーヤーの不二さんと私は、翌々日焼額山を越えて帰ることにした。夜間瀬へ下るのは竜王コースと呼ばれて、以前はよく採用されたが、この頃は通る人も稀になったようである。それでもまだたのもしい昔の山スキーの残党はいるとみえて、昨日一日降り続いた深い雪の中にスキーの跡がついていた。

「今朝、誰か先に行ったらしいな」

「この雪じゃラッセルが大変だろう」

果して雪原のずっと先の一本の木の下に、二人の休んでいる姿が見えた。彼等も行き悩んでいるらしい。追いつくと、それは土地の青年であった。志賀高原へ働きにきた屈強な若者で、焼額山を越えて自分の在所へ近道しようとするらしい。

私たち二人の老童は、この若者たちのラッセルを頼みとしたが、アテがはずれた。彼等はシールをつけていないので、急斜面へかかると進行がのろくなって、私たちが先へ押し出されてしまう。

雪は膝を没し、時には腹までもぐる。やわらかな深雪の中につっこんで見えなくなったスキーを、かわるがわる持ちあげる時の辛さ。雪を漕ぐとはうまく言ったもので、そんな時は両手で雪を掻きわけるような恰好になる。少しでも雪の浅そうな所を択んでみるが、どこも大差はない。

ようやく吹き曝しの尾根へ出ると、そこはカチカチに凍ってスキーのエッジを立てるのも困難な位だった。こんな所へ来ると、軽装の若者たちは強い。体力に物を言わせて、さっさと登って行った。私たちは小食事するために休憩した。曇天で、時々細かな雪が降ってくる。休むと寒い。

再び登り始めると、幾らも行かないうちに、若者二人は滑ってきた。上の方にはまた深いラッセルがあって、この分ではとうてい頂上へ行けそうもないから引返してきたというのである。

土地の若者さえ断念したのに、どうして老童が強《ごう》を張る必要があろう。私たちは彼等の後を追うことに何の躊躇もなかった。

スキー今昔

上野の駅で、屋根に雪を載せた列車の入ってくるのを見るほど、私に旅情をそそらせるものはない。東京の空はカラリと晴れている。が列車はコンコンと雪の降る国から来たのである。それは私が雪国の育ちで、特別雪に郷愁を感じるせいかもしれない。

私の子供の頃はまだスキーはなかった。中学四年生の時、初めて校庭でそれを見た。

多分高田あたりから派遣された人であろう。全校生徒が集まっている前で、その人はスキーを着けて歩いてみせた。斜面がないから平地滑行であった。長い一本杖をもっていた。

私が実際にスキーを穿いたのは、東京の学校へ入ってからである。学校の旅行部にはスキーが備えつけてあって、私はそれを借りて皆と一緒に出かけた。四十五年も前の話である。スキーはもちろん粗末な単板で、ビンディングはビルゲリーと称する金具であった。靴は兵隊靴で間にあわせた。その頃はまだ運動具屋へ行けば何でも売っている時代ではなかった。スキー帽、スキー手袋に至るまで、自分が作るか、註文して作らさねばならなかった。

最初に行ったのは関温泉であった。当時スキー場と言えば、信越線の関・赤倉か、東北線の五色くらいしかなかった。コールフィールドという著者の『ハウ・トウ・スキー』や『スキーイング・ターンズ』が唯一の教典であった。

いまその『スキーイング・ターンズ』が私の本棚の片隅に残っている。図入りのカードが付いていて、それを見ると、直滑降などは上体を真っすぐに起している。その頃はゲレンデで二、三日基礎練習をすると、山へ連れて行かれた。スキーは山へ登るためのものだった。山ではテレマークという回転法が一番役に立つというので、私たちはそれの練習に励んだ。

スキーの技術は幾たびも変転した。ホッケ姿勢というのが流行りだしたのは、昭和四、五年からであっただろうか。その頃になると回転はシュテム・ボーゲン一点張りだった。それから幾年かたって、前傾姿勢のテンポ・スウィングというのが幅を利かし始めた。私は生来無器用で、どの技術にも進歩を示さなかった。

スキーをする人がふえてくるにつけ、新しいスキー場が次々と開拓された。蔵王や志賀高原が登場してきた。東京からでかけるには上野駅からときまっていたのに、新宿駅からも乗るようになったのは、霧ヶ峰スキー場へ行くためであった。しかし雪の乏しい霧ヶ峰は今は魅力が無くなり、新宿から出るスキー客の大部分は、戦後目ざましくスキー場として興ってきた白馬山麓を目ざしている。

私は大正十一年にスキーを始めてから、戦争まで、一と冬もスキーを欠かしたことがなかった。シーズン中せめて一度でもスキーを穿かないと気がすまなかった。戦争末期国中が緊張した時には、上野駅へスキーを携えて行くと殴られるという話であった。遊びを許す余裕などなかった。それでも私はリュックの中へスキー靴を入れて北海道に行き、そこでスキーを借りて滑った。

その帰途私は召集令を受けて、大陸へ送られたため、それから三冬はスキーなしで済まさなければならなかった。終戦の翌年帰還し、越後湯沢に居を定めた。雪が降り始めるや、私は復員の時の兵隊服・兵隊靴で、買い求めた安スキーに乗った。私の借りていた部屋のすぐ前がゲレンデになっていて、進駐軍のアメリカ人がたくさん滑りに来ていた。彼等の歓声を聞くと私はジッとしておられず読書や執筆をなげうって、スキーをつけて飛び出すのであった。

戦後のスキー場の最も大きな変化は、リフトの建設であろう。それがだんだん普及してきた。初めはゲレンデの一部に取りつけられたのが、繁盛するにつれ、次第に距離を伸ばして、山腹を這いのぼり、谷を渡り、頂上近くまで及ぶようになった。リフトの設備のないところは、もはやスキー場としては顧みられなくなった。

戦前私は志賀高原や蔵王へよく出かけたが、もう以前のおもかげは全く無くなったほど、至るところにケーブルやリフトが付いて風景を変えた。そして人々は労せずして高い所へ運ばれ、滑降だけを楽しむようになった。登る時間が節約されるのだから、スキーの上達の早いのは当り前である。

以前山へ行くためのスキーは、今や全く滑降を楽しむためのスキーとなった。スキー場は海水浴場のように人で溢れ、スキー宿はファッション・ショーのように華やかになってきた。近年はパラレル・スウィングだの、ウエーデルンだのと、皆が憂身をやつしている。しかし、老兵はもはや新しいものに飛びつこうとせず、出来るだけ人けのない所を探して、自己流のスキーを楽しんでいる。

雪解川

上越線にのぞむ小出島《こいでじま》ほど、早春の山を眺めるのにすばらしい地は少なかろう。その町から、魚沼三山、すなわち、駒ヶ岳、中ノ岳、八海山が、いかにも三山と呼ぶにふさわしい調和の取れた形で仰がれる。二〇〇〇メートル前後の山であるが、雪深い越後であるから、平野はもう春めいてきても、三山はまだ白雪に覆われている。

小出島は魚野川と佐梨川の合流地にある。川に面して、今どき珍しい古風な建物の料理屋がある。昨年三月の末、奥只見の雪の山から出てきた私たちは、その家の二階の座敷へ上り、料理を待つ間廊下の外の庇屋根の上へ出て、飽くほど魚沼三山を眺めた。

もうそれは厳冬のきびしい姿ではなかった。白銀の山は霞むように和らいで、夕方近くの茜さす青空に、優しい線を拡げていた。日ごとに山の雪の解ける季節である。眼下の川はその水を集めてふくれあがり、とうとうと流れていた。

あるじは腕こきの料理人で、私たちは採れたばかりの山女魚《やまめ》に舌つづみを打ちながら、おいしい酒を飲んだ。川べりの大きな樫の木はまだ芽ぶいてはいなかったが、あたりの景色にはもう春が押し寄せていた。山からおりてきて、雪国の春ほど私の心をときめかすものはない。

それから十日ほどたって、私は再び小出島へ行った。今度は平野の春から遠ざかって雪の山へ登るためであった。年少の友ヨシベーと二人、朝上野をたって昼ごろ着くと、駅に先日御馳走してくれた小出島の三人の友が待っていてくれた。

すぐ只見線に乗りかえる。たった二輌つないだだけのローカル列車は、山深く進むにつれて乗客を減らし、終点の大白川駅に着いた時は、ほとんど私たちだけであった。そこから最後の部落五味沢までスキーをつけて行った。

五味沢にはまだ黒い土は現われていなかった。小出島の友人たちに懇意な一軒の家に泊めてもらった。近年このあたりの山へ登る人がふえてきたので、山の宿も兼ねている。しかし冬以来東京の客は十人くらいという話だったから、あまり知られていない土地と言えよう。

翌朝はすばらしい晴天で、私たちは宿の前でスキーをはくと、すぐ登りが始まった。目標は浅草岳である。冬、有名なスキー場へ押しよせるあの大群集は、四月の楽しいスキーを知らない。日はサンサンと降りそそぎ、谷間の雪の割れ目には春の水が音を立てて流れている。やっと長い冬から目ざめた木々は、雪をはね返して枝をもたげ、その梢にはもう春の用意が出来ている。

山は白一色で、道のないところでも、スキーなら勝手に地形を選んで登ることが出来る。疲れたら雪の上に寝ころんでも寒くはない。その休憩を私は無数に繰り返した。ゆうべは酒に強い越後衆に釣られて飲みすごしたらしい。私の年ごろになるとそれがこたえるのである。宿から浅草岳の頂上まで約一二〇〇メートルの登りは、天気はいいし、眺めもすばらしく、気持は楽しいのだが、体の方はあまり楽ではなかった。たっしゃな人なら五時間くらいで登るところを、おくれがちな私のために三時間も余計にかかった。頂上の祠の前に身を投げだして、私はオゾンの濃い空気を存分に吸った。東京の空気の不味さ、山へ来るとそれがわかる。

四月の山スキーの醍醐味は頂上から始まった。登り道とは別に、私たちは北側の大斜面を滑り出した。おそらくこんな広大な自然のゲレンデは、ほかには稀であろう。早坂尾根と名づけられているが、尾根というより傾いた原である。その原の末端近くまで滑って、そこから急な崖を沢へ下り、宿へ帰り着いたのは夕方近かった。一日で顔は焦げ、骨や筋肉が快く痛かった。からだ中のだぶだぶしたものが削り取られたような軽快さがあった。

翌日は朝寝している間に、小出島の友人たちは宿の主婦を手伝って蕎麦を打ってくれた。純粋な生蕎麦である。それをたらふく食べてから、帰りの支度にかかった。

里の雪の消えかたは早い。僅か一、二日で、帰りの道にはもう土の領分が多かった。私たちはスキーをかついだ。とある道の曲りかどで、枯草の上に休むと、そばの崖には可憐なカタクリの花が群がり咲いていた。これも春を告げる花である。

遠くには昨日登ったばかりの雪の山が見え、眼の下には雪解《ゆきげ》川が流れている。日はとろりとするようにのどかで、頬をなでる風もさわやか、いつまでもこのままでいたいような極上の気持であった。私たちだけで占めるには、あまりにも惜しい時間と空間であった。

山に失った友

私は大学一年生、他の二人は一高の生徒だった。そのころの八ヶ岳には山小屋はなく、登る人も少なかった。私たちは朝赤岳鉱泉をたって、メートルほどある残雪を踏み、赤岳に登った。そこから横岳を通って、硫黄岳に着いたのは二時すぎ。人ひとりに出会わぬ静かな山だった。

硫黄岳の上でのんびりと休んでから、下りについた。夏沢峠を経て本沢温泉へおりるのが普通の道だが、ただ一軒のその温泉宿が足元はるか下の方に見えたので、直接そこへおりることにした。

安全な道をとれば事はなかった。しかし不確実な要素をふくんでいる道は、しばしば登山者の心を強く引きつける。その場合、その危険度と、それを判断する分別力が、バランスを保っていることが必要なのだが、まだ私にはそれがなかった。細い道は残雪の下に消え、一面の雪の急斜面の上に出た。先頭の私の次にいた友がスリップしたが、ピッケルを打ちこんでとまった。これはあぶないと思った時、しんがりの友が私の横をかすめて落ちて行った。

雪の斜面の下は岩の崖になっていた。その崖をよじおりると、友の身体は丈の低い一本の灌木に支えられて、息絶えていた。吉村恭一君、二十一歳。まだ遭難の珍しいころだったから、新聞に大きく出た。大正十五年五月、四十年前のことである。

塩川三千勝君は高等学校以来の私の山友達で、大正の末年すでに積雪期のアルプスへ登ったり、やはりそのころ私と二人でテントをかついで、まだあまり世に知られていなかった東北の朝日連峰を縦走したこともあった。何ごとにも熱心で、がんばり屋で、気が強く、いつも仲間の上に立っていた。大学を卒業して一流の銀行に入り、その将来が期待されていた。

高等学校で一しょに山やスキーに行った連中が、社会へ出てからも、暇を作っては誘いあわせてよく出かけた。昭和十六年一月、例によって仲間だけで白馬の栂《つが》池へスキーに行くことになった。私も参加する予定で、私の分の食糧まで用意されたが、出発間際に何か用事が出来て行けなくなった。

数日後の朝、私は悲しい急報で呼びおこされた。栂池の仲間が雪崩に巻きこまれ、雪崩の主流にいた塩川君は雪の下で生を絶った。彼のスキー術が最高に完成されたと噂されていた時だった。今は有名な料亭になっている中野の広壮な彼の家で告別式が行われた。よく晴れた、刺すように風のつめたい日だった。一月十七日とおぼえている。

私の山の先生は、高等学校の上級生浜田和雄君（陶芸家浜田庄司氏の弟であることをずっと後になって知った）であった。私のみならず、そのころの仲間は全部「浜田さん」の薫陶を受けた。地味で、確実で、意欲的で、山登りのすべてを私はこの先輩に見習った。

山が好きで高山植物の研究を専門に選んだ彼は、教職についてからもせっせと山に通った。あれほど数多く山に登り、あれほど山に詳しかった人を、私はほかに知らない。何度一緒に山へ行ったことだろう。そのたび教わることが多かった。

田辺姓を名乗るようになって、その田辺君とは単に山友達だけでなく、生涯の大事な話相手の友となった。その田辺和雄君は五年前、早稲田の学生を連れてアフリカへ学術調査旅行に行った。キリマンジャロに登ったあと、ナイロビで胃をわずらい、手術の甲斐なく急逝した。遺骨が帰って、告別式で私は友人代表の悼辞を述べたが、声が涙でふるえて仕様なかった。

画家山川勇一郎君が南米アンデスの氷河で亡くなったのは、一年前の十一月十二日であった。彼を初めて知ったのは、まだ彼の美術学校時代で、あるスキー場で出あった。それ以来三十数年、彼と行を共にした山やスキーは数えきれない。八年前ヒマラヤへ行く時、その計画を最初に立てたのは、山川君と私だった。

鷹揚で謙遜で、親切で、あれほど人柄のいい男は珍しかった。三ヵ月ほどの予定で南米へ出かけたのに、生来ののんき坊で一年半にもなり、チリの首都サンチアゴでは、彼が外を歩くと子どもがゾロゾロついて来たほど慕われたと聞く。山へ行っても慎重で、決して無理はしなかった。その山川君が遭難したという報を、初め私は信じられなかった。

以上四人とも私には大切な友人だった。みな生きていたら、どんなに私の生活を楽しくさせてくれてることだろう。私を残してみなあの世へ行ってしまった。私は今でも山やスキーに行く。雪の峰の上に立って、彼等の名を呼んでみる。遭難はどこにあるかわからない。私とて彼等のあとを追わないとはだれが言えよう。

あとがき

ここ二三年の間に書いた山の紀行や随筆を四季の順に並べてみた。紀行と言っても勢いこんで出かける体のものではない。日本には山がたくさんある。なるべく人のいない山、名もない山を尋ねて行く。そこでは自然保護を大声で叫ばねばならないような破壊もないし乱雑もない。静かな美しい自然を心の底まで吸いこんで帰ってくる。日本の山の緑や水の美しさを言われても、若い頃にはそんなに感じなかった。昨年の晩春、西アジアの四ヶ月の旅行から戻るなり信州へ遊びに行って、私は自然の豊かさにおどろいた。私たちはいつも美しい自然の中にいるから、その美しさに鈍感になっている。

私はよい山登りの仲間に恵まれている。若い時から困難な登山を幾つも経験して、還暦をすぎてもまだ山に執着を持っている老兵たち。私より七つ先輩の不二さんなど、暫らく私が山登りから遠ざかっていると、凡俗の淵に堕ちたと嘆く。こういう仲間と打連れて、気張らず、焦らず、自然の美しさを楽しみながら静かな山を歩くのが、この頃の私の習慣である。「瀟洒なる自然」という題は、本文の中の一章から取った。題の選定も、本の体裁も装幀も、一切私は出版部の佐野英夫氏にゆだねた。新潮社から出した私の山の本、「雲の上の道――わがヒマラヤ紀行」、「わが愛する山々」、「日本百名山」、みんな同氏のお世話になった。何もかもすっかり任せて、出来上った本にいつも私は満足している。厚くお礼を申しあげる。

深田久弥

昭和四十二年十一月三日

解説　山の文章が瀟洒で豊潤だった時代

長沢　洋

この解説を書くにあたりまず思い出されたのは、奇遇にも去年（令和二年）十月、石川県加賀市大聖寺に行ったばかりだったことである。言うまでもなく、深田久弥の生地と、その地にある『深田久弥　山の文化館』を訪ねるのが目的で、さらには彼の登山事始めとなったといわれる富士写ヶ岳に登る計画であった。

この大聖寺行が私にとって幸いだったのは、生前の深田久弥の謦咳《けいがい》に接していた横山厚夫さんと泉久恵さんが同行者にいたことである。いや実のところ、運転手を引き受けるから一緒に行きましょうよと私が誘ったというのが正しく、目的地からして、そんな面々と同道であれば旅が充実するに決まっていると思ったからだった。ここでは普段から彼らが親しく深田さんと呼ぶひそみにならって、私も慣れ慣れしく深田さんと書くのを許してもらおう。

深田さんが金沢在住だった昭和二十年代後半は、エベレストをはじめヒマラヤ八千メートル峰の初登頂が次々に果たされた時代で、同時に彼のヒマラヤ研究熱も上がったのだったが、文献を手に入れるにも地方在住ゆえの不便をかこっていた。早稲田の学生だった横山さんは雑誌記事でその事情を知り、東京の古書店に現れたヒマラヤ文献の情報を深田さんに知らせ、蒐集の手助けをしたのがきっかけで生涯にわたって交流を持つようになった。一方の泉さんは、昭和四十年代初頭、女性隊で西アジアの山へ遠征する際、当時の遠征登山隊の多くがそうしたように、かの地の文献が揃った深田さんの東京・世田谷の書斎、九山山房を訪ねて助言を受けたという。

車が北陸に入ると、空模様が目まぐるしく変わった。太平洋側にしか住んだことのない身にはこれが日本海側の気候かと面白く感じられるのもちょっとした旅情のひとつである。しかし大聖寺に着くころには安定した明るい空になって、目抜き通りの古びた家並には初秋の午後の柔らかい陽が射していた。行き交う車はごく少なく、無責任な旅人にとっては落ち着いた街だと感じられるが、地元の人に言わせれば、すっかり寂れてしまってとなるのかもしれない。現代の地方都市によくある光景ではある。深田さんの生家はそんな家並の中に残っており、そこから文化館はほどない距離だった。

明治末期に建てられた絹織物工場の社屋を流用したという建物は深田さんとほぼ同年齢ということになる。建てられた当時はさぞや派手で目立つ近代建築であっただろうが、百年を経てすっかり枯淡になり、けっして大き過ぎない構えといい、なにかしら清潔さが漂う板壁と漆喰の外観といい、山の文化館というにふさわしい風格がある。門を入ったところにある、建物を隠してしまうほどの大銀杏も歴史を感じさせる。

あらかじめ連絡をしてあったので歓待を受けた。それもそのはず、館内には横山さんが寄贈した深田さんからの書簡が展示されているが、横山さん自身が訪れるのは初めてだったのである。

見学後は事務長の大幡裕さんの案内で、深田さんの碑がある、近所の江沼神社や大聖寺城跡を訪ねた。錦城山という小高い丘にある城跡の碑前に立つと白山方面に展望が開けていて、その白山は肝心の頂上稜線が雲に没していたが、翌日登る予定の富士写ヶ岳はより近くに、名前の由来となった富士山型を現していた。

その夜、大幡さんを加えての宴席では、当然ながら深田さんが話題の中心になった。酒席では、文字にはしにくいか、するのがはばかられる、ともすればゴシップめいた話で盛り上がることが多いけれども、それらが少しも悪意から発していないのを聴きながらだと陶然とする。この夜がそうだった。『瀟洒なる自然』には深田さんの登山

界や環境破壊への苦言を書いた文章も多く含まれるにもかかわらず、しかし苦言とい

うには文章に嫌味が感じられない。これは深田文学の一貫した美点で、私は山のよう

な人間にならなければと書いていた深田さんの駘蕩《たいとう》とした人格が察しられるのである。

文が人を表すなら、実際に面識のあった人が彼を悪く言うのを見たことがないのもう

なずける。

翌日も好天に明けた。大聖寺駅前に宿をとった我々は早起きして、駅の西の山際にある寺社群のひとつ、本光寺の深田さんの墓所に参った。高台にある寺の門前に立つと、早朝だけあって前日には見えなかった白山がどっしりと大きい姿を現わしていた。むろんこれから登る富士写ヶ岳も見えている……。

およそ文庫本の解説らしくない紀行文めいた文章を書いたのには訳がある。書いたことは一点をのぞいて事実で、その一点とは、富士写ヶ岳に登る予定はなかったことである。つまり山の紀行文は、ただ登山の核心部の話だけでは成り立たないかつまらないと言いたくて、実際の大聖寺行を架空の富士写ヶ岳登山の序章として戯作したのだった。

この本に収められた深田さんの文章にしても、登山史や紀行や詩歌、そして同行者

との交遊が序章や挿話となっていることが多い。山の紀行文の場合、いかな最終的には「山頂の憩い」に収斂しようが、それを盛り立てるのが過程なのは明らかだし、作者の腕の見せ所、たとえば古典から山の歴史をひもとく深田さんの姿勢はそこに表れている。

「今の登山者は、山登りという一種の勝負にしか関心がなく、それまでの道中などは無駄なものとしか見えないのだろう」とは深田さんがこの本で書くところで、似た嘆きは何度も繰り返される。要するに山が便利になり過ぎ「目的の山が遠くに隠見するのを眺めながら、心をときめかせて山に近づいて行く」ことがなくなった。山に至る麓の道中の楽しみがなくなってしまったというのである。

しかし深田さんが嘆いたとてその流れを止められるはずもなかった。時代時代にあるノスタルジアは文明のよどみない発展という時流によって生まれ、それゆえに遡って元には戻れない。

深田さんの嘆きからすでに半世紀以上がたっている。現在の主流であろうマイカーを利用しての登山では麓など一気にすっ飛ばし、いきなり登山道に入る。ヒマラヤ遠征では、ベースキャンプにヘリコプターで降り立てば逸話に満ちたはずのキャラバンはない。その結果序章や挿話を失い、「新たな」山の紀行文は絶滅に瀕している。いや、登山者がいる限り生産はされるだろうが、かつてのように売買される作品が豊かに実ることは二度とないように思われる。

これには、山から新奇が枯渇したことも原因がある。未知をひらく初登頂や初登攀はその事実だけで売買に足る文章になりうる。ただしそれらは、例えば未踏時代のエベレストのように誰もが知っている未知でなくてはならない。現代でも未踏の山など探せばいくらでもあろうが、まず重箱の隅にあって、つついている者以外の興味たりえない。さらには、機材の発達で表現はより具体的直接的な方法に移っている。写真や動画で誰もが表現しようとする今、才能は文章を凝らすことなどには発揮されなくなっている。

登山は単なるスポーツではないというのもこの本で深田さんの主張するところだが、残念ながらこれもスポーツ化しているのは間違いない。すなわち数値で順位づけられる登山の分野は今ではいくらでもあって、そこに文学は不要である。

お察しのとおり、世代は違えど私は深田さんの嘆きに我が意を得て、しかし半ば諦めながら嘆いている。ただ同志は少なくはなっても絶えることはないとも思っている。というのも、結局のところ人間は言葉でしか物を考えられないからで、文章以外の表現でも、真にすぐれた才能が言葉をないがしろにするはずはないと信じるからである。

深田さんは登山と他のスポーツとの明確な違いのひとつとして山の古典文学の存在をあげているが、生々流転の世の中では深田さんの文章もすでに古典といってもいい。それが文庫化されて人の目に入りやすくなったのは幸いである。山の文章が瀟洒で豊潤だった時代を、できうればさらに若い世代にこそ味わってもらい、次代への糧にしてほしいものだと願って擱筆する。

ながさわ・ひろし　一九五八年大阪生まれ。八ヶ岳南麓で登山者向けの宿「ロッジ山旅」を経営。著書に分県登山ガイド『山梨県の山』、ヤマケイアルペンガイド『奥多摩・奥秩父』（いずれも山と溪谷社刊）などがある。日本山岳会会員。

晩秋の小田代ヶ原（撮影＝鈴木克洋）

凡例

一、本書は一九六七年十一月に刊行された『瀟洒なる自然―わが山旅の記―』(新潮社)を底本としました。

二、今日の人権意識に照らして考えた場合、不適切と思われる語句や表現がありますが、本著作の時代背景とその価値に鑑み、そのまま掲載してあります。

三、文字づかいに関しては、原文を尊重し、常用漢字以外の漢字も使用しました。また、難読と思われる漢字には振り仮名を追加しました。

四、山岳の標高数値は底本のままの記載としたため、現在の国土地理院による標高値とは異なっているものがあります。

瀟洒なる自然 ― わが山旅の記 ―

二〇二一年八月一日　初版第一刷発行

著　者　深田久弥
発行人　川崎深雪
発行所　株式会社　山と溪谷社
郵便番号　一〇一-〇〇五一
東京都千代田区神田神保町一丁目一〇五番地
https://www.yamakei.co.jp/

■乱丁・落丁のお問合せ先
山と溪谷社自動応答サービス　電話〇三-六八三七-五〇一八
受付時間／十時～十二時、十三時～十七時三十分（土日、祝日を除く）
■内容に関するお問合せ先
山と溪谷社　電話〇三-六七四四-一九〇〇（代表）
■書店・取次様からのお問合せ先
山と溪谷社受注センター　電話〇三-六七四四-一九一九
ファクス〇三-六七四四-一九二七

本文フォーマットデザイン　岡本一宣デザイン事務所
印刷・製本　株式会社暁印刷
定価はカバーに表示してあります

Printed in Japan ISBN978-4-635-04919-1

ヤマケイ文庫の山の本